MANAGEMENT TOOLBOOKS

Coaching

MANAGEMENT TOOLBOOKS

Coaching

Bram Gerrits

Culemborg

ISBN: 978-90-5940-282-9
NUR: 808
Trefw.: managementvaardigheden, coaching

Omslag: Artifex Graphics, Roosendaal
Vormgeving en opmaak: Van Duuren Media, Culemborg
Druk: Koninklijke Wöhrmann, Zutphen

Dit boek is gezet met Corel VENTURA™ 10.

Dit boek is gedrukt op een papiersoort die niet met chloorhoudende chemicaliën is gebleekt. Hierdoor is de productie van dit boek minder belastend voor het milieu.

© Copyright 2007 Van Duuren Media

Alle rechten voorbehouden. Niets uit deze uitgave mag worden verveelvoudigd, opgeslagen in een geautomatiseerd gegevensbestand, of openbaar gemaakt, in enige vorm of op enige wijze, hetzij elektronisch, mechanisch, door fotokopieën, opnamen, of enige andere manier, zonder voorafgaande toestemming van de uitgever.
Voorzover het maken van kopieën uit deze uitgave is toegestaan op grond van artikel 16B Auteurswet 1912 j° het Besluit van 20 juni 1974, St.b. 351, zoals gewijzigd bij Besluit van 23 augustus 1985, St.b. 471 en artikel 17 Auteurswet 1912, dient men de daarvoor wettelijk verschuldigde vergoedingen te voldoen aan de Stichting Reprorecht. Voor het overnemen van gedeelte(n) uit deze uitgave in bloemlezingen, readers en andere compilatie- of andere werken (artikel 16 Auteurswet 1912), in welke vorm dan ook, dient men zich tot de uitgever te wenden.
Ondanks alle aan de samenstelling van dit boek bestede zorg kan noch de redactie, noch de auteur, noch de uitgever aansprakelijkheid aanvaarden voor schade die het gevolg is van enige fout in deze uitgave.

Inhoud

Inleiding
Ontwikkeling van het instrument coaching 2
Over dit boek 5
Noten 5

Hoofdstuk 1: Moderne visies op coaching
Inleiding 8
Mensvisies X, Y en Z 9
    Mensvisie X 9
    Mensvisie Y 9
    Mensvisie Z 10
Van manager naar coach 10
    Soorten leiders 11
    Coach versus doener: de juiste toon zetten 11
Voordelen van coaching 13
Coachingsangst, smoezen en fabels 14
Noten 16

Hoofdstuk 2: De essentie van coaching: zelfsturing
Inleiding 20
Leren leren 20
Inspelen op de leerbehoefte **21**
Ervaringsleren 22
    De leercyclus van Kolb 22
    De leerstijlen van Kolb 24
Noten 26

Hoofdstuk 3: De methodiek van coaching
Inleiding 28
Verschillende soorten coaching 28
    Vragen waarbij de inhoud centraal staat 28
    Vragen waarbij naast de inhoud ook de persoonlijkheid van de medewerker een rol speelt 29
    Vragen waarbij de persoonlijkheid van de medewerker centraal staat 29
Andere begeleidingsvormen 29
    Mentoring en collega-coachen 29
    Supervisie 30
    Personal coaching 30
    Counseling 31

De coachingsmethodiek 31
    Het project personaliseren 31
    Waarden en overtuigingen opsporen 32
    Het ontwikkelingsgebied exploreren 32
    De intake 34
    Het ontwikkelingsgebied thematiseren 35
Noten 37

Hoofdstuk 4: Visie: De essentie van executive coaching
Eerst op de foto 40
Oefenen in rollenspel 41
Empathisch vermogen 42
Leiderschapsontwikkeling in een andere omgeving 43
Noten 43

Hoofdstuk 5: De structuur van coaching
Inleiding 46
Het GROW-model 47
    Het doel: wat wil je? 48
    De huidige situatie: wat speelt er op dit moment? 48
    De opties: wat zou je kunnen doen? 48
    De conclusie: wat ga je daadwerkelijk doen? 49
Coaching integreren in het beoordelingsproces 49
    De eerste fase: planning 50
    De tweede fase: feedback, periodieke beoordelingen en documentatie 50
    De derde fase: afronding 51
Cyclisch competentiemanagement 51
    De hr-cyclus 51
    De persoonlijke ontwikkelcyclus 53
De vijf-minutencoach 53
Noten 55

Hoofdstuk 6: Wat en hoe: doelen stellen en coachingsstijl bepalen
Inleiding 58
Formuleren van het doel 58
    ER-doelen 58
    MAGIE-doelen 58
    SMART-doelen 59
Werken met SMART-doelen 59
    Specifiek 59
    Meetbaar 60
    Acceptabel (Actiegericht) 60
    Realistisch 60
    Tijdgebonden 60
Een SMART geformuleerd functioneringsplan 61
    Voorbeeld 1 61

Voorbeeld 2	62
De juiste coachingsstijl	**62**
De leidinggevende stijl	63
De begeleidende stijl	63
De aansporende stijl	63
De delegerende stijl	63
Een alternatieve indeling	64
Noten	**64**

Hoofdstuk 7: De instrumenten van de coach

Inleiding	66
Vragen stellen	**66**
Algemene criteria voor goede vragen	67
Acht soorten vragen	67
Actief luisteren	**69**
Tutoring met vragen en luisteren	70
Feedback geven	**72**
Ik-boodschappen	**74**
Interventies doen	**75**
Weerstand overwinnen	**76**
Noten	**78**

Hoofdstuk 8: Socratisch coachen

Inleiding	80
Irrationele gedachten doorbreken	**81**
Kerngedachten loswrikken	**82**
Eisen stellen	82
Rampdenken	83
Lage frustratietolerantie	83
Waardering zoeken	84
Veroordelen	84
De wondervraag	**87**
Noten	**88**

Hoofdstuk 9: E-coaching

Inleiding	90
De voordelen van e-coaching	**90**
De structuur van e-coaching	**91**
De competenties van de e-coach	**91**
Vertrouwen in het eigen vermogen om interventies te doen	91
Zelfvertrouwen als er niet direct een antwoord bovenkomt	92
Specifieke communicatieve vaardigheden	92
Wanneer is e-coaching het meest geschikt?	**92**
Tips voor de aankomende e-coach	**93**
Noten	**94**

Hoofdstuk 10: Provocatief coachen
Inleiding 96
De Farrelly-factoren 96
Provocatie van de traditionele coach 99
De werkwijze van de provocatieve coach 100
Noten 101

Hoofdstuk 11: Teamcoaching
Inleiding 104
Teams samenstellen 104
    Het kleurenmodel 105
    De Myers-Briggs Type Indicator 107
    Quick scan voor het typeren van medewerkers 109
De gefaseerde ontwikkeling van teams 110
    Situationeel coachen 111
De sfeer in het team 113
De succesfactoren van teamcoaching 114
Interactieprocessen doorgronden 115
Noten 117

Hoofdstuk 12: De testmatch
Inleiding 120
Slechte gewoontes van coaches 120
Valkuilen voor de teamcoach 121
Goede en slechte coaches 123
Test uzelf: hoe functioneert u als coach? 123
Op eigen benen 124
Noten 125

Index **127**

Inleiding

In het roemruchte Ajax-elftal van de jaren zeventig van de vorige eeuw was Johnny Rep een zogeheten goudhaantje. Altijd op de juiste tijd op de juiste plek om een beslissende treffer te maken. Maar soms stond hij tijdens een wedstrijd te slapen. Dan riep Johan Cruijff hem hardhandig tot de orde. Cruijff was destijds zelf nog voetballer, maar coachte daarnaast de jongere spelers in het veld. Als ze hun taken niet uitvoerden, pakte hij ze keihard aan. Zo stuurde hij Johnny Rep zelfs een keer het veld uit, omdat hij er met de pet naar gooide.

Johnny Rep zelf kon de aanpak van coach Cruijff pas later waarderen. Hij zegt: 'Hoewel ik dat toentertijd niet altijd zo zag, heb ik ontzettend veel van hem geleerd. Niet alleen speltechnisch, qua looptechniek bijvoorbeeld, maar ook mentaal. Naderhand realiseer je je dat je mentaal hard wordt, als je continu op je lazer krijgt. Er zijn zat jongens aan onderdoor gegaan, maar het was nu eenmaal heel belangrijk.'[1]

Hóe belangrijk, vertelt Cruijff jaren later zelf, als hij inmiddels de officiële coach van Ajax is. De club heeft dan net een succesvol voetbalseizoen afgesloten met het winnen van de Europacup II. Voetballer Arnold Mühren herinnert zich de woorden van Cruijff nog goed: 'Van de huldiging is me vooral het moment bijgebleven, dat Johan tijdens de rondrit ineens tegen me zei: "Arnold, daarom ben ik de afgelopen jaren zo tekeer gegaan. Ik ben niet altijd even sympathiek overgekomen, maar we staan wel hier".'[1]

Deze citaten komen uit het boek van Pieter Winsemius over Cruijff en leiderschap. Dat boek gaat inderdaad over leiderschap, maar eigenlijk net zo goed over het wezen en het belang van coaching.

Johan Cruijff is hét voorbeeld van een coach die het beste uit zijn spelers wist te halen. Volgens Cruijff moet een voetballer uitblinken in techniek, discipline en karakter: een drie-eenheid van concentratie, creativiteit en de wil om te winnen. Sommige voetballers excelleren in techniek, maar missen karakter. Anderen hebben wel karakter, maar missen juist het technische vernuft. Als coach hielp Cruijff hen die gaten dicht te lopen.

Zelf heeft Cruijff trouwens ook een aantal coaches tijdens zijn loopbaan gehad. Allereerst was daar Horst Dassler, oprichter van Adidas. Van hem leerde Cruijff dat het beschikken over de juiste informatie belangrijker is dan een hoge intelligentie. Verder leerde Cruijff veel van Anton Dreesmann, vooral van de levensfilosofie waarmee Dreesmann zijn V&D aanstuurde. En tot slot stak hij veel op van Sonny Werblin, de eigenaar van Madison Square Garden en van de Washington Diplomats. Cruijff speelde er een seizoen en maakte er meteen kennis met de 'haute finance' binnen de voetballerij.

We zullen Johan Cruijff nog regelmatig tegenkomen in dit boek. Maar voor we onszelf in de obligate regenjas hullen en als aspirant-coach op de bank plaatsnemen, gaan we terug naar de basis. Even terug in de tijd, onder het motto de ontwikkeling en volwassenwording van coaching: van Johan Cruijff, via Socrates naar de moderne opvattingen en zienswijzen rond coaching.

Ontwikkeling van het instrument coaching

De eerste coaches komen we al in de Griekse oudheid tegen. In de Odyssee van Homerus vinden we Mentor, de getrouwe vriend en adviseur van Odysseus, koning van Ithaca. Odysseus geeft Mentor de opdracht om op zijn zoon Telemachus te passen, terwijl hij zelf ten strijde trekt in de Trojaanse oorlog. Mentor werd de leraar, gids en beschermer van Telemachus. Hij voedde Telemachus op tot een zelfstandige jongeling, gebaseerd op een relatie van vriendschap en vertrouwen.

De Griekse filosoof Socrates beschouwde zichzelf als een 'geestelijk verloskundige'. Hij was van mening dat je mensen wel kon helpen om iets te begrijpen, maar dat je niet voor het begrip van de zaak zelf kon zorgen. Net zoals een verloskundige helpt bij de geboorte van een kind, maar het niet zelf baart. Ook de moderne coach is eerder een 'verloskundige van vaardigheden', dan een didactisch ingestelde leraar, schrijft Max Landsberg in zijn boek *De Tao van het coachen*.[2] De meeste managers zeggen hun medewerkers wat ze moeten doen en hoe ze dat moeten doen. Maar het stellen van een kernvraag is vaak effectiever dan het geven van instructies, zoals meestervragensteller Socrates al wist. Dit basisprincipe van coaching zullen we elders in dit boek uitgebreid bespreken. Ook de Chinese wijsgeer Confucius benadrukte het belang van zelfwerkzaamheid. Van hem is de uitspraak: 'Geef een man een vis en hij heeft een dag te eten. Leer een man vissen en hij heeft zijn hele leven te eten.'

Het inzicht van de klassieken ging in de eeuwen daarna verloren. Wel komen we rond 1500 voor het eerst het woordje 'coach' tegen in de betekenis van een bepaald type voertuig. Denk aan ons woordje 'koets'. De betekenis van het werkwoord 'coachen' is dan te herleiden tot het begeleiden van een belangrijk persoon naar de plaats van bestemming. Pas aan het einde van de negentiende eeuw wordt het woord coach voor het eerst gebruikt in de moderne zin van het woord. Een coach is dan een trainer van sportmensen.

Het zou vervolgens nog honderd jaar duren voor het begrip overwaait naar het bedrijfsleven. Dr. Dick Borough, een consultant in Palo Alto, Californië, zou in 1985 voor het eerst de term 'executive coaching' hebben gebruikt. Drie jaar later was het begrip al zodanig ingeburgerd dat managementblad *Forbes* een artikel kon publiceren met de kop: 'Sigmund Freud ontmoet Henry Ford'.

Sindsdien heeft coaching een enorme opmars gemaakt. Het hebben van een coach is al lang niet meer voorbehouden aan de boardroom. In het begin had coaching vooral een curatief karakter: het begeleiden van mensen die niet goed functioneerden. Maar tegenwoordig wordt coaching organisatiebreed ingezet om kerncompetenties te ontwikkelen en de prestaties van individuen en teams te optimaliseren. Bij een bedrijf als ING is de personal coach voor het middenkader inmiddels een vanzelfsprekende zaak. Ook bij Ormit, een organisatie voor de ontwikkeling van managementpotentieel, gaat werkplekervaring vergezeld van assessments en *coaching on the job*. En dat zijn slechts enkele voorbeelden. Een kwart van de werkenden zou inmiddels een coach hebben, bij directeuren en topmanagers zou dat zelfs veertig procent zijn. Een coachingstraject bestaat uit gemiddeld acht sessies, voor een tarief van gemiddeld 100 tot 250 euro per uur. De geschatte omzet van Nederlandse coaches ligt tussen de vijftig en honderd miljoen euro. Daarmee is het een volwassen sector geworden.

Hr-managers vinden coaching zelfs het meest effectieve instrument voor het ontwikkelen van medewerkers, zo bleek uit een onderzoek van TNS NIPO, in opdracht van GITP. Pas daarna komen opleidingen, trainingen en cursussen. Hr-managers zetten coaching vooral in voor het ondersteunen van medewerkers in hun ontwikkeling, voor betere prestaties en voor het verbeteren van initiatief, creativiteit en commercialiteit. Ook wordt coaching ingezet voor het omlaag brengen van het ziekteverzuim. Een groot voordeel van coaching is volgens hr-managers dat het snel tot resultaten kan leiden: een coachingssessie van een uur kan meteen effect hebben, terwijl bijvoorbeeld een cursus dagen of weken in beslag kan nemen.

Is snel effect het enige argument dat de populariteit van coaching verklaart? Nee, het gaat veel dieper. Coaching sluit naadloos aan op fundamentele ontwikkelingen binnen maatschappij en management. Sinds de jaren zestig is de machtspositie van de baas almaar verder uitgehold. De samenleving is steeds individualistischer geworden, de medewerker steeds mondiger. Autocratisch geleide bedrijven hebben plaats gemaakt voor dienend leiderschap.

Hiërarchische structuren zijn afgebroken en ingewisseld voor empowerment en zelfsturende teams. Mensen willen niet meer dociel hun manager volgen, maar zelf richting en sturing geven aan hun werk. Coaching en coachend leiderschap sluiten naadloos aan op die ontwikkeling. Het effect daarvan op de medewerkers is goed samengevat in het volgende citaat van Nico Stammes in zijn boek *De Coach Approach*:

'Onlangs zei een klant tegen mij dat ze het vrijwilligerswerk altijd zo leuk vond, omdat mensen daar zo gedreven waren. De coachende benadering is erop gericht ervoor te zorgen dat alle mensen vrijwilligers worden in het werk dat zij doen.'[3]

In de toekomst zal coaching alleen maar meer ingebed worden in onze organisaties en persoonlijk leven. Marijke Lingsma en Aty Boers signaleren een aantal trends in de *Coachingskalender*.[4] Als huidige trends noemen zij:

- Personal coaching is niet langer voorbehouden aan topmanagers, maar is er ook voor medewerkers in de lagere echelons.
- Coaching die werkt vanuit een bepaalde spirituele visie.
- Je bewust zijn van 'body, mind en spirit' voor het vinden van een persoonlijk evenwicht.
- Coaching niet langer als zeldzaamheid onder managers maar een vanzelfsprekende managementvaardigheid.
- Coachen die zich richt op het helpen van senioren invulling te geven aan de tweede helft van hun leven.

De volgende trends zijn volgens hen aan het opkomen:

- Ernaar streven te excelleren.
- Coaching die zich richt op beter omgaan met diversiteit.
- Coaches die als experts door de media geciteerd worden en die we steeds vaker tegenkomen op tv, in de krant, in advertenties en cartoons.
- Coaching van jongeren en kinderen.
- Speels en plagerig feedback geven middels flirtcoaching, met veel glimlachen en spiegelen.
- Coaching via de telefoon of computer.

Hoe zit de coach van de toekomst eruit? De coach van de 21ste eeuw zal zich volgens futurologen vooral bezighouden met *imagineering*: een samentrekking van *image* en *engineering*. Imagineering is het vormgeven van de verbeelding.

De rol van de coach verandert mee. Hij wordt een magiër die verbeeldingskrant en creativiteitsprocessen stimuleert. Hij wordt een ingenieur die denk- en werkprocessen opnieuw vormgeeft. Of verenigt hij beide taken in één persoon. De magische ingenieur ontdekt nieuwe producten en werkprocessen. En de ingenieuze magiër herschept de verbeeldingswereld van ingenieurs en anderen.

Over dit boek

Coaching is in essentie mensen helpen om zichzelf te ontwikkelen, en hun prestaties te verbeteren. In dit boek leert u de basisprincipes van deze vorm van management. Hoe belangrijk is het stellen van vragen voor een coach? En hoe stelt u doelen? Hoe leert u actief te luisteren, een van de belangrijkste instrumenten van de coach? Hoe geeft u feedback? Hoe overwint u weerstand? En: hoe leidt u uw team naar de overwinning? Al deze aspecten worden intensief en op een praktijkgerichte manier behandeld, gelardeerd met cases, gespreksmodellen en oefeningen. De onderwerpen worden van diverse kanten belicht, waarbij gebruik is gemaakt van de meest geraadpleegde literatuur van gezaghebbende auteurs in binnen- en buitenland. Aan het eind van het boek vatten we alles nog eens samen en geven we u een aantal online testen waarmee u puntsgewijs uw eigen functioneren als coach kunt toetsen.

Noten

1. Winsemius, P. (2004). *Je gaat het pas zien als je het doorhebt. Over Cruijff en leiderschap*. Amsterdam: Balans.
2. Landsberg, M. (1998). *De Tao van het coachen. Werk efficiënter door de mensen om u heen te inspireren en te vormen*. Den Haag: Academic Service.
3. Stammes, N. (2006). *De Coach Approach. Organisaties veranderen door een coachende benadering*. Deventer: CoachingNet.
4. Lingsma, M. & Boers, A. (2005). *Coachingskalender 2006*. Soest: Nelissen.

Moderne visies op coaching

Moderne organisaties vragen niet langer om managers die de baas spelen, maar om coachend leiderschap. Dat vraagt om een andere visie op organiseren en een nieuwe manier van aansturing. De manager moet zich ontwikkelen van doener tot coach. Slechts enkelen zijn in staat om die stap ook daadwerkelijk te maken. Ze moeten eerst hun coachingsangst zien te overwinnen, voor ze de grote voordelen van een coachende benadering voor hun organisatie kunnen realiseren én zelf voortaan met een gerust hart op vakantie kunnen.

In dit hoofdstuk komen aan bod:

➡ Mensvisies X, Y en Z.

➡ Van manager naar coach.

➡ Voordelen van coaching.

➡ Coachingsangst, smoezen en fabels.

Inleiding

De technologische ontwikkelingen, de informatie-explosie door internet en de turbulente omgeving hebben ervoor gezorgd dat de manager niet meer alles zelf kan weten en beslissen. In de 21ste eeuw moet de héle organisatie permanent leren om de mondiale concurrentiestrijd niet te verliezen. Het is voor organisaties dus van levensbelang om te investeren in de kennis en vaardigheden van hun medewerkers. Die vormen immers het belangrijkste kapitaal van de onderneming: de human resources. In onze kennismaatschappij hebben mensen ook steeds vaker 'KID-beroepen' (kennisintensieve dienstverlening). Nico Stammes en zijn coauteurs zeggen hierover: 'Ook bij Hoogovens werken nu procesoperators in plaats van arbeiders of sjouwers. Met de toenemende "kennisdichtheid van de taak" ontstaat er nu een fenomeen dat zich steeds meer aandient: de medewerker weet er meer van dan de baas. Hiermee is de machtsbalans definitief veranderd en gelijkwaardig geworden.'[1]

Nico Stammes en zijn coauteurs komen dan ook tot de conclusie dat eigenlijk sturen is zonder de baas te spelen. In hun boek *De Coach Approach* pleiten zij voor een integrale coachende benadering. Dan gaat het dus niet alleen over leiderschap, maar ook over humanresourcesmanagement en veranderingsmanagement. Stammes geeft aan wat daarvoor nodig is:

- Ga uit van (kwaliteiten van) mensen.
- Zie persoonlijke ontwikkeling en organisatieontwikkeling als onderdeel van hetzelfde proces.
- Ga voor ontwikkelingsdenken in plaats van ontwerpdenken.
- Kies bij het ontwerpen van zaken als een structuur of een ICT-systeem voor een ontwikkelingsbenadering.
- Combineer sturen op resultaat met sturen op menselijke relatie.
- Kies zelfsturing als eerste middel.
- Streef naar intrinsieke motivatie in plaats extrinsieke motivatie.
- Werk aan communicatie als een essentiële interactieve vaardigheid.
- Communiceer over belangrijke zaken zowel bottom-up als top-down.
- Verkies de dialoog boven de monoloog.
- Deel visies om ze tot leven te laten komen.
- Streef naar draagvlak en draagkracht.
- Ga ervan uit dat mensen wel veranderingsbereid zijn.
- Durf los te laten en te delegeren.[2]

Mensvisies X, Y en Z

Al deze ontwikkelingen vragen om een nieuwe visie op mensen in organisaties en een nieuwe leiderschapsstijl. Hiervoor gaan we uit van de mensvisies X en Y van Douglas McGregor.[3] De twee mensvisies zijn gebaseerd op het idee dat in alle managementbeslissingen opvattingen en aannames schuilen over het wezen van de mens en menselijk gedrag.

Mensvisie X

Mensvisie X gaat uit van de volgende aannames:

- De gemiddelde persoon heeft een hekel aan werk en zal er waar mogelijk proberen onderuit te komen.
- Omdat mensen nu eenmaal een hekel aan werk hebben, moeten de meesten van hen worden aangezet tot werken door dwang, toezicht, aansturing en dreigementen als we willen dat ze een acceptabele bijdrage leveren aan de organisatiedoelstellingen.
- De gemiddelde persoon geeft er de voorkeur aan geleid te worden, wil geen verantwoordelijkheid, heeft geen ambitie en verlangt bovenal naar een veilige omgeving.

Deze opvattingen zijn natuurlijk impliciet: geen manager zal hier openlijk voor uitkomen. Maar we zien deze opvattingen wel terug in hoe bedrijven georganiseerd zijn. Als medewerkers van nature lui zijn en moeten aangezet worden tot werken, dan heb je een uitgebreide managementhiërarchie nodig waarin iedereen het niveau onder hem organiseert, coördineert en controleert. Als er iets misgaat, heb jij je best gedaan.

Mensvisie Y

Mensvisie Y hanteert daarentegen heel andere uitgangspunten:

- Jezelf fysiek en mentaal inzetten voor je werk is net zo vanzelfsprekend als vermaak of rust.
- Aansturing van bovenaf en dreigementen zijn niet de enige middelen om iemand tot een acceptabele bijdrage aan de organisatiedoelenstellingen te bewegen. Mensen kunnen zichzelf aansturen en controleren als ze zichzelf aan doelen verbonden hebben.
- Commitment aan doelstellingen berust op de beloning die bij het leveren van de prestatie hoort.
- De gemiddelde persoon leert onder de juiste omstandigheden niet alleen verantwoordelijkheid te dragen maar ook te nemen.

- Mensen leggen in het oplossen van organisatorische problemen een veel hoger niveau van verbeeldingskracht, vindingrijkheid en creativiteit aan de dag dan wel gedacht wordt.
- In het moderne bedrijfsleven worden de intellectuele capaciteiten van de gemiddelde persoon onderbenut.

Managers zien hun medewerkers hier juist als mensen die verantwoordelijkheid willen dragen, doelgericht werken en allerlei ontplooiingsmogelijkheden hebben. Er wordt gebruik gemaakt van en rekening gehouden met de capaciteiten, behoeften en mogelijkheden van mensen. Als er iets misgaat, ligt het in een X-organisatie aan de luie medewerker; in een Y-organisatie ligt het aan de ouderwetse manager die niet weet hoe hij het beste uit zijn mensen kan halen.

Mensvisie Z

Ton Rijkers voegt daar in zijn boek *De kunst van het coachen* nog een derde mensvisie aan toe: mensvisie Z. De Z staat voor zelfsturing. Bij deze mensvisie heeft de mens een natuurlijke behoefte aan groei en ontwikkeling, in een tempo dat past bij zijn competenties. Er is sprake van gedelegeerde macht. Coaching staat centraal.

Invoering van coaching heeft dan ook meer kans van slagen in de mensgerichte, horizontale Y-organisatie dan in de taakgerichte, verticale X-organisatie. X-organisaties worden immers geleid door managers en Y-organisaties door leiders. Rijkers citeert Lee Iacocca, de legendarische chief executive officer van Chrysler, die het verschil ooit als volgt typeerde: 'Voorraden kunnen worden gemanaged, maar mensen moeten worden geleid.'[4]

Van manager naar coach

De hedendaagse manager moet zich dus ontwikkelen tot coach voor zijn zelfsturende medewerkers. Er is op dat gebied echter nog een lange weg te gaan. Leen Zevenbergen, zelf oud-ondernemer, schetst in zijn boek *En nu laat ik mijn baard staan* het volgende beeld:

'Veel managers trappen in de val van strak leidinggeven en het "uitdelen van orders". Zo zullen ze het niet vaak noemen, maar daar komt het uiteindelijk toch wel vaak op neer. Verstrekken van marsorders. Gebaseerd op strakke, bijna onhaalbare budgetten en tegenwoordig gebaseerd op allerlei regels van integriteit en gedragscodes. Managen verwordt dan tot het uitdelen van opdrachten en het innemen van uitkomsten. En als die uitkomsten niet kloppen, worden we boos en worden er sancties gesteld. Sancties en bonussen. *Carrot and stick*. Is dat eigenlijk niet een beetje sneu? Is dat wat een manager tot een leider maakt …?'[5]

Echte leiders zijn vaak veel meer coachend in hun managementrol, aldus Zevenbergen. Maar ze zijn schaars, zegt hij: 'Managers die al hun energie steken in het voortduwen van de organisatie. Die vaak het gevoel hebben aan een dood paard te trekken. Dat zijn, vaak erg goedwillende, lijders.'[5] Herkent u zichzelf in deze omschrijving?

Soorten leiders

Han van der Pool en Carl Larsen bespreken in het boek *De Coach Approach* ook het leiderschapmodel dat Carl Larsen ontwikkeld heeft.[6] Dat bestaat uit vijf leiderschapsrollen:

- De strateeg (deze richt zich op de toekomst).
- De ondernemer (deze richt zich op de markt).
- De manager (deze richt zich op de interne organisatie).
- De expert (deze richt zich op zijn vak).
- De begeleider (deze richt zich op de medewerker).

In al deze rollen gaat het om inhoudelijke vragen waarop de leider zelf het antwoord geeft. De rol van begeleider/coach is een totaal andere. De leider richt zich in die rol vooral op het ontwikkelings- en leerpotentieel van zijn mensen, omdat hij ook wel weet dat organisaties te complex geworden zijn om zelf alle antwoorden te kunnen geven en menselijk talent het succes van de organisatie bepaalt.

Leiders hebben eigen doelstellingen, opvattingen en ideeën die ze aan hun medewerkers kenbaar maken. Coaches hebben juist geen eigen agenda, doelstellingen of opvattingen. Ze hebben maar één raison d'être: hun medewerkers helpen bij het vinden van oplossingen.

Maar waarom zouden leiders een dergelijk altruïsme tentoonspreiden? Van der Pool en Larsen geven het volgende antwoord:

'Als deze onbaatzuchtige rol van de leider goed wordt vervuld, leidt dat vaak tot verbazingwekkende resultaten. Medewerkers voelen zich uitgedaagd en gesteund in de realisatie van hun eigen doelen. Ze zijn van binnenuit gemotiveerd om hun veelal ambitieuze doelstellingen te realiseren. De resultaten reiken dan ook vaak veel verder dan wat bazen ooit zelf aan hun medewerkers zouden durven vragen. Medewerkers nemen nu zelf de verantwoordelijkheid om hun plannen en ideeën uit te proberen en te verwezenlijken. Ze voelen zich "empowered".'[6]

Coach versus doener: de juiste toon zetten

In zijn boek *Coachen voor Dummies* maakt Marty Brounstein een nog simpeler onderscheid: de manager als coach versus de manager als doener. Managers moeten dus de stap proberen te zetten van doener naar coach. Ze moeten een balans zien te vinden tussen taakmanagement én personeelsmanagement. Dit is de zienswijze 'én'. Deze zienswijze staat rechtstreeks tegenover de tunnelvisie 'óf': taken óf personeel aanpakken.

Een ander belangrijk aspect van coachend leiderschap is *de toon zetten*, aldus Brounstein. Het eigen gedrag van managers is immers vaak bepalend voor het gedrag en het functioneren van de groep die ze managen. Hij zegt daarover:

'Toon me een manager die, in plaats van een probleem op te lossen, bij problemen probeert een schuldige aan te wijzen, en ik laat je een groep defensieve werknemers zien, die meestal op eieren lopen. Of toon me een manager die, in plaats van en schuldige aan te wijzen, problemen altijd vermijdt, en ik toon je een groep gefrustreerde werknemers die in chaos werken. En nog een voorbeeld: toon me een manager die openlijk over management klaagt waardoor hij ergens door gefrustreerd is,en ik toon je een groep werknemers die regelmatig zeuren en klagen, vooral over hun manager.'[7]

Effectief coachen is volgens Brounstein 'gebaseerd op het ontwikkelen van positieve werkrelaties en het uitoefenen van persoonlijke invloed op werknemers, in een sfeer van wederzijds vertrouwen'.[7] Denk maar eens terug aan wat we over Mentor zeiden in de inleiding. Telemachus groeide onder begeleiding van Mentor op tot een zelfstandige volwassene omdat er een relatie van vriendschap en vertrouwen was. Om het respect en vertrouwen te kweken dat nodig is om tot zo'n verstandhouding te komen, moet de manager de juiste toon zetten. Idealiter stelt u zich als coachende leider daarvoor als volgt op:

- Luister zonder te oordelen.
- Werk hard om uw verplichtingen na te komen.
- Respecteer deadlines.
- Wees geïnteresseerd in de mens achter de medewerker.
- Weet wat er speelt bij individuele medewerker en op de afdeling.
- Wees gericht op samenwerking.
- Houd het hoofd koel onder druk.
- Wees flexibel en ruimdenkend.
- Ga met respect met anderen om.
- Neem de tijd voor mensen.
- Wees benaderbaar voor vragen.
- Herken goede prestaties bij medewerkers en complimenteer hen daarmee.
- Richt u bij problemen op de oplossing in plaats van de schuldvraag.
- Wees eerlijk en integer.
- Zorg dat u aanwezig bent bij belangrijke gebeurtenissen.

Voordelen van coaching

Het voorgaande klinkt natuurlijk allemaal prachtig, maar leidt coaching nu ook daadwerkelijk tot concrete voordelen voor uw organisatie of gaat het hier om een hardnekkig aanhoudende managementhype? Anders gezegd: wat krijgt u nu in de praktijk terug voor al uw tijd en aandacht?

Heel veel, meent Max Landsberg. Hij probeert de mythe door te prikken dat we vooral zouden coachen om anderen te helpen. In zijn boek *De Tao van het coachen* omschrijft hij de werkelijke drijfveren als volgt:

'Er zijn veel concrete, egoïstische en acceptabele redenen om een goede coach te worden. Goede coaches worden zelf vaak een stuk wijzer van hun coaching. Ze vinden deze persoonlijke winstpunten vaak zo belangrijk, dat ze nooit meer ophouden met coachen.'[8]

Landsberg noemt vijf winstpunten, die hij rangschikt van 'zeer egoïstisch tot wat minder egoïstisch':

- Meer tijd voor uzelf.
- U wordt beter in het omgaan met klanten.
- U krijgt een sterkere organisatie.
- U zult prettiger werken.
- U krijgt meer steun van de mensen die onder u werken.[8]

Verder, stelt Landsberg, werpt goede coaching ook zijn vruchten af in uw privéleven. U namelijk bent beter in staat om uw partner, kinderen en vrienden te helpen. Daarmee is coaching een vaardigheid voor het leven. John Whitmore komt in zijn boek *Succesvol coachen* tot diezelfde conclusie. Hij noemt daarnaast nog een aantal andere voordelen voor manager en organisatie, te weten:

- Er worden betere prestaties geleverd en de productiviteit gaat omhoog.
- Het leren van nieuwe vaardigheden gaat sneller en makkelijker.
- Er komen meer creatieve ideeën bovendrijven.
- Mensen, vaardigheden en middelen kunnen flexibeler en efficiënter ingezet worden.
- Er kan sneller en effectiever gereageerd worden in noodsituaties.
- De organisatie kan zich als geheel makkelijker aanpassen aan veranderingen.
- Het kost minder moeite een cultuurverandering te realiseren.

Whitmore weet het in één uitspraak samen te vatten:

'Als managers leiding geven volgens de principes van het coachen, bereiken zij dat het karwei beter wordt uitgevoerd, terwijl hun mensen zich tegelijkertijd beter kunnen ontwikkelen. Het klinkt te mooi om waar te zijn: per persoon 250 dagen om het karwei te klaren en 250 dagen per jaar voor stafontwikkeling. Maar dat is precies wat de coachende manager krijgt.' [9]

Marty Brounstein somt in *Coachen voor Dummies* de volgende tien resultaten en doelen op voor de coachende manager:

1. Iemands functioneren verbeteren, zodat dit aan de behoeften van de groep en van het bedrijf voldoet.
2. De betrokkenheid van werknemers tot een hoog niveau stimuleren.
3. Vaardigheden en mogelijkheden van werknemers ontwikkelen.
4. Werknemers uitdagen om zo goed en zo onafhankelijk mogelijk te functioneren.
5. De productiviteit verhogen door je hulpbronnen te maximaliseren.
6. Constructieve werkrelaties met je personeel opbouwen.
7. Het gebruik van je tijd maximaliseren, zodat je zoveel mogelijk invloed kunt uitoefenen.
8. Leiderschap bieden om vooruitgang aan te moedigen, niet alleen nu, maar ook in de toekomst.
9. Goede prestaties en de verantwoordelijkheid van werknemers stimuleren.
10. Je leven als manager een klein beetje gemakkelijker maken.[7]

Dit laatste resultaat van coaching komt vooral goed uit in bepaalde perioden van het jaar. Volgens Brounstein is het zelfs een van de voorwaarden voor een prettige vakantie:

'Wanneer werknemers zelf kunnen denken en handelen om gewenste resultaten te halen, hoef je niet constant over hun schouders (of onder hun oksels, als je aan de kleine kant bent) mee te kijken om er zeker van te zijn dat alles gedaan wordt. Je kunt tijd buiten het kantoor doorbrengen zonder bang te zijn dat alles op de zaak misgaat; je kunt zelfs op vakantie!'[7]

Coachingsangst, smoezen en fabels

De voordelen van coaching zijn dus evident. Waarom zijn er dan toch zo weinig tot de verbeelding sprekende coaches op de werkvloer te vinden? Worden coaches soms geboren en niet gemaakt? Aanleg helpt, maar volgens Max Landsberg beschikt in principe iedereen over de basisvaardigheden om als coach te fungeren. Je hoeft alleen maar een paar gewoontes te ontwikkelen en te oefenen met een of twee interpersoonlijke vaardigheden. 'Máár,' zegt Landsberg, 'helaas raken de meesten van ons psychologisch geblokkeerd wanneer het erop aankomt die vaardigheden goed en consequent toe te passen. Topcoaches weten hoe ze deze angsten kunnen opheffen.'[8]

Minder bedreven managers hebben echter nog vaak moeite om hun coachingsangst te overwinnen. Landsberg beschrijft een onderzoek naar het coachingsgedrag van tachtig managers uit één organisatie, waaruit bleek dat managers vier soorten smoezen hanteerden om maar niet te hoeven coachen:

1 Onvoldoende tijd voor coachen.
2 Leidt toch niet tot de gewenste reactie.
3 De opdracht zal er niet onder lijden wanneer ik niet aan coaching doe.
4 Misschien dat ik hen kwets.[8]

Het onderzoek achterhaalde ook wat de werkelijke reden was en gaf remedies om de coachingsangst te overwinnen. Managers die over onvoldoende tijd zeiden te beschikken, waren bang de controle kwijt te raken. De oplossing is duidelijke afspraken te maken over wat de coaching inhoudt en hoe die tussen de huidige werkzaamheden ingepast kan worden.

Managers die voorzagen dat coaching niet tot de gewenste resultaten zou leiden, vreesden vooral dat ze het niet goed zouden doen. De remedie is de aanstaande coach zelf een traject van coaching en feedback aan te bieden.

Managers die meenden dat de opdracht er zonder coaching niet onder zou lijden, wilden eigenlijk geen aandacht aan het probleem besteden, in de hoop dat het vanzelf zou verdwijnen. Hier moet worden nagegaan of de manager wel echt over de eigenschappen van een goede leider beschikt.

Bij managers, ten slotte, die bang waren hun medewerker te kwetsen, bestond de werkelijke angst uit niet langer aardig gevonden te worden. De oplossing is te beginnen met een medewerker met wie al een goede band is of iemand bij wie coaching snel goede resultaten afwerpt.

Hebt u wel eens last van coachingsangst? John Whitmore citeert Tim Gallway, Harvard-onderwijsdeskundige en tennisexpert: 'De tegenstander in je eigen hoofd is sterker dan degene die aan de andere kant van het net staat.'[9] Of luister eens naar wat Whitmore zelf zegt: 'De beste coaches kunnen vooral zichzelf effectief coachen.'[9]

Er is niet altijd sprake van angst. Managers kunnen aan allerlei fabels over coaching geloof hechten, waardoor ze soms tegenzin ontwikkelen om zich de benodigde vaardigheden eigen te maken. Misschien gelooft u stiekem ook wel in sommige van deze fabels. We geven hier een aantal veel gehoorde fabels. Het is geen uitputtend lijstje, maar neemt u van ons aan dat ze stuk voor stuk onzin zijn.

- Coaching kost veel te veel tijd voor wat het oplevert.
- Als mensen niet zelf om coaching vragen, heeft het geen zin.
- Coaching betekent uitentreuren met medewerkers afstemmen over elke beslissing.

- Goede medewerkers hebben geen coaching nodig.
- Niet iedereen heeft het in zich om een goede coach te zijn.
- Coaching is alleen succesvol als je het over alles met elkaar eens bent.
- Je moet als psycholoog getraind zijn om mensen te kunnen coachen.

Soms zorgt de interactie tussen managers en medewerker ervoor dat coaching slechts moeizaam van de grond komt. Han van der Pool en Carl Larsen wijzen hier vier mogelijke oorzaken voor aan.[6]

- Managers hebben een verkeerd beeld van wat begeleiden is. Ze willen vooral advies geven en luisteren niet actief. Zo ontnemen ze de medewerker de mogelijkheid om zelf met oplossingen te komen.
- Managers hebben liever dat medewerkers gewoon doen wat hen opgedragen wordt. Een houding van actief luisteren betekent ook dat managers zich openstellen voor oplossingen die niet in hun straatje passen. Dat ligt lang niet iedereen.
- Lang niet alle medewerkers vinden het vervelend om te doen wat hen opgedragen wordt. Dan hoeven ze ook geen verantwoordelijkheid te nemen als er iets misgaat.
- Bij sommige medewerkers is coaching gewoon niet de beste methode. Als iemand zeer onervaren is of absoluut niet gemotiveerd, kan het beter werken om duidelijke adviezen en instructies te geven.

Nu u weet hoe u coachingsangst, vooroordelen en verkeerde opvattingen kunt herkennen en ontkrachten, hoeft niets uw ontwikkeling tot coach meer in de weg te staan.

Noten

[1] Stammes, N. et al. (2006). Woord vooraf. In Stammes, N. et al. (red.). *De Coach Approach. Organisaties veranderen door een coachende benadering*. Deventer: CoachingNet.
[2] Stammes, N. et al. (2006). Inleiding: de 'coach approach' of de coachende benadering. In Stammes, N. et al. (red.). *De Coach Approach. Organisaties veranderen door een coachende benadering*. Deventer: CoachingNet.
[3] McGregor, D. (2006). *The Human Side of Enterprise. Annotated Edition*. New York: McGraw-Hill.
[4] Rijkers, T. (2000). *De kunst van het coachen. Voorwaarden, vaardigheden, gesprekken*. Soest: Nelissen.
[5] Zevenbergen, L. (2006). *En nu laat ik mijn baard staan. Creatief ondernemen en sprankelend inspireren*. Amsterdam: Business Contact.
[6] Pool, H. van der & Larsen, C. (2006). Een coachende benadering in leiderschap. In Stammes, N. et al. (red.). *De Coach Approach. Organisaties veranderen door een coachende benadering*. Deventer: CoachingNet.

7 Brounstein, M. (2006). *Coachen voor Dummies*. Amsterdam: Pearson Education.
8 Landsberg, M. (1998). *De Tao van het coachen. Werk efficiënter door de mensen om u heen te inspireren en te vormen*. Den Haag: Academic Service.
9 Whitmore, J. (2003). *Succesvol coachen*. Soest: Uitgeverij Nelissen.

De essentie van coaching: zelfsturing

2

'Leren leren' is een centraal begrip in coaching: de coach vertelt mensen niet hoe ze een probleem moeten oplossen, maar leert hen zelf de oplossing te vinden in een interactief proces. Net als in de sport, gaat de coach niet zelf op het veld staan, maar laat hij zijn spelers zelf het spel spelen, terwijl hij aan de zijlijn blijft staan.

In dit hoofdstuk komen aan bod:

⇒ Leren leren.

⇒ Inspelen op de leerbehoefte.

⇒ De leercyclus van Kolb.

⇒ De leerstijlen van Kolb.

Inleiding

Het is verleidelijk om u nu al de instrumenten aan te reiken waarmee u zichzelf en anderen kunt ontwikkelen. Maar eerst gaan we dieper in op de essentie van coaching. Wat is coaching nu precies? Is er een sluitende definitie? De Nobco, de vereniging voor beroepscoaches, hanteert de volgende definitie:

'Coaching is een gestructureerd en doelgericht proces, waarbij de coach op interactieve wijze de gecoachte aanzet tot effectief gedrag door:

- Bewustwording en persoonlijke groei.
- Het vergroten van zelfvertrouwen.
- Het exploreren, ontwikkelen en toepassen van eigen mogelijkheden.

Coach en gecoachte nemen hierbij ieder hun verantwoordelijkheid voor het proces.'[1]

Ook in de managementliteratuur komen we verschillende definities tegen. We kiezen er één uit: 'Coachen is iemands potentiële kwaliteiten vrijmaken zodat hij zo goed mogelijk presteert. Het is geen onderwijzen, maar het leren bevorderen.'[2]

Bergbeklimmer Ronald Naar, die de hoogste bergtoppen ter wereld bedwong, waaronder de Mount Everest en K2, heeft in zijn boek *Naar de top* de inzichten over teambuilding, coaching en leiderschap neergelegd, die hij opdeed tijdens zijn expedities. Over coaching zegt hij bijvoorbeeld: 'Een goede coach streeft ernaar zijn teamleden zoveel kennis en zelfvertrouwen te geven dat ze prestaties gaan verrichten die ze zelf niet voor mogelijk hielden.'[3]

Leren leren

Leren is een centraal begrip bij coaching. Of liever gezegd: *leren* leren, en *leren* handelen. De coach *leert* mensen zichzelf helpen en sturen. Er is sprake van dynamische interactie, in plaats van eenrichtingsverkeer in de vorm van vragen stellen en instructie geven. Het verschil wordt duidelijk in de volgende passage uit het *Handboek ontwikkelingsgericht coachen* van Rudy Vandamme, waarin wordt uitgelegd waarom je een hond niet kunt coachen en mensen wel.

'Op een hondentraining doe je een aantal dingen die je onder de noemer "training" kunt scharen: er is wel sprake van vriendschap met de hond, maar de sturende principes zijn gebaseerd op conditionering. Een hond coachen zou betekenen dat je een beroep op zijn engagement kunt doen, zijn vermogen om te snappen hoe iets in elkaar zit, zijn vermogen om zichzelf bij te sturen en acties te bepalen vanuit een hoger principe. Coachen heeft alles te maken met het vermogen van de gecoachte om te denken en zichzelf te sturen. Een hond heeft geen reflectief vermogen. Een hond kan wel met een mens communiceren. Hij heeft zelfs een relationele band met de mens. Maar je kunt er geen gesprek mee aangaan waarin nagedacht wordt; je kunt geen afspraken maken.'[4]

Een coach helpt mensen dus om zichzelf te helpen. 'Hij is de helper die een spiegel voorhoudt en mensen de kracht geeft om zelf dingen aan te pakken', zeg Vandamme.[4] Het 'eigenaarschap' van het probleem blijft bij de medewerker liggen. Deze is zelf verantwoordelijk voor zijn eigen leven en ontwikkeling. De coach wil daar bewust buiten blijven. Het is zijn streven om zichzelf zo snel mogelijk overbodig te maken. Hij gaat ervan uit dat mensen sterk genoeg zijn om hun lot in eigen hand te nemen. Het belang van zelfsturing is door Vandamme in de volgende formule vervat:

Effectiviteit = *bekwaamheid* van de coach x niveau van *zelfsturing* van de persoon

Een coach vertelt mensen dus niet wat ze zouden moeten of behoren te doen, maar laat hen zelf de oplossing bedenken. Ook al duurt het daardoor iets langer voordat het werk af is. Die tijd wordt later ruimschoots weer ingehaald. Marshall Cook formuleert het in zijn boek *Effectief coachen* als volgt: 'Een goede coach laat de spelers zelf het spel spelen.'[5] Cook geeft daar een praktijkvoorbeeld van, dat we hierna samenvatten.

Clarke Stallworth, de voormalige hoofdredacteur van *Birmingham Alabama News* had vroeger de gewoonte om zijn journalisten genadeloos op elke fout in hun artikel te wijzen. Regelmatig verscheurde hij het verhaal voor hun ogen. Stallworth werd alom gehaat op de redactie. Geen wonder dat journalisten het niet lang uithielden bij de krant. Pas later begon Stallworth het verschil in te zien tussen een hoofdredacteur en een coach. Een eindredacteur neemt het verhaal van de journalist over om het te herschrijven, al mopperend op de domme verslaggever. De journalist moppert op zijn beurt over de koppige eindredacteur. Een coach daarentegen gaat met de journalist om de tafel zitten en stelt twee vragen: 'Wat is er goed aan dit verhaal?' En: 'Hoe kunnen we het verder verbeteren?' Als journalisten zelf deze vraag kunnen beantwoorden, kunnen ze meestal ook zelf hun verhaal verbeteren. Ze hebben beter leren schrijven, terwijl het nog steeds hun verhaal is.

Inspelen op de leerbehoefte

De leercyclus is een handig model om te doorgronden hoe we als coach het best kunnen inspelen op de leerbehoefte van onze medewerkers. Marinka van Beek en Ineke Tijmes bespreken dit model in hun boek *Leren coachen*.[6]

Het leerproces volstrekt zich in vier fasen. We nemen ze een voor een met u door.

1. De eerste fase is *onbewust onbekwaam*: de medewerker kan iets niet, maar weet dit niet van zichzelf. Het is de taak van de coach om de medewerker zijn onbekwaamheid zelf te laten ontdekken.

2. De tweede fase is *bewust onbekwaam*: de medewerker wordt zich bewust van het feit dat hij bepaalde zaken niet beheerst. Sommige medewerkers vinden die ervaring confronterend en tonen weerstand. De coach zal die weerstand moeten overwinnen en de medewerker helpen om toch tot leren te komen.
3. De derde fase is *bewust bekwaam*: de medewerker heeft zijn prestaties aanzienlijk verbeterd en beheerst een bepaalde zaak, zij het met enigszins geforceerde inspanning. De coach observeert en helpt de medewerker ontdekken hoe hij zich nog verder kan ontwikkelen.
4. De vierde fase ten slotte is *onbewust bekwaam*. De medewerker voert de taak moeiteloos uit, zonder erbij na te hoeven denken. De coach heeft zichzelf overbodig gemaakt. De medewerker kan beginnen aan zijn volgende leercyclus.

De leercyclus laat zich goed illustreren aan het leren autorijden. Tijdens onze eerste rijlessen worden we voortdurend geconfronteerd met onze gebrekkige voertuigbeheersing: we schakelen verkeerd en rijden dus met horten en stoten weg, we maken niet genoeg snelheid en we voegen te laat in. Door bewuste inspanning om soepeler te schakelen en op de snelheidsmeter te letten, met de rij-instructeur naast ons, slagen we uiteindelijk voor ons rijexamen. Door voortdurende herhaling en ervaringsleren kunnen we dan al snel autorijden en tegelijkertijd naar de radio luisteren of met iemand bellen. Vervolgens kunnen we dan aan iets nieuws beginnen: ons vliegbrevet gaan halen, bijvoorbeeld.

Ervaringsleren

Ervaringsleren is een belangrijk thema in coaching. Leren door te *doen*. De psycholoog David Kolb introduceert in zijn boek *Experiential Learning* twee concepten om te beschrijven hoe die manier van leren in zijn werk gaat: de leercyclus en de vier leerstijlen.[7] Die twee begrippen zijn nauw met elkaar verbonden: de leerstijlen vloeien eigenlijk logisch voort uit de leercyclus.

De leercyclus van Kolb

Kolb vat leren op als een proces dat uiteindelijk resulteert in gedragsverandering. In dat proces worden verschillende fasen doorlopen: je doet ervaring op, denkt er over na, trekt daar lessen uit en toetst de opgedane inzichten in de praktijk. Op basis van zijn onderzoek kwam Kolb tot een onderscheid tussen vier opeenvolgende leerfasen:

- Concreet ervaren (voelen).
- Observeren en interpreteren (waarnemen).
- Begrijpen en abstraheren (denken).
- Actief experimenteren (doen).

Zoals u kunt zien, zijn deze vier fasen gedefinieerd in termen van wat u in elke fase *doet*. Hoewel de fasen elkaar opvolgen, is het niet zo dat een ervan het vaste startpunt vormt. Daarom zijn de fasen ook niet genummerd. Niettemin is een concrete ervaring (voelen) vaak de vanzelfsprekende eerste stap. Die ervaring overdenkt en interpreteert u (waarnemen), zodat u die vervolgens tot nieuwe inzichten kunt abstraheren (denken). Op basis van die nieuwe inzichten kunt u dingen op een andere manier aanpakken (doen). Die nieuwe aanpak is dan de gedragsverandering. Dat in de praktijk toegepaste gedrag levert dan natuurlijk weer nieuwe ervaringen op, waarmee de cyclus verder doorlopen wordt. De leercyclus kan dan ook als een opwaartse spiraal gezien worden: door te voelen, waarnemen, denken en doen kunt u uw gedrag steeds verder verfijnen en verbeteren. Maar het is ook mogelijk dat een leercyclus een nieuwe cyclus voortkomt.

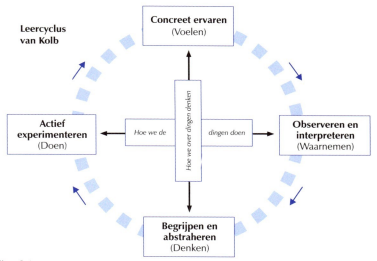

Afbeelding 2.1
De leercyclus van Kolb.

Als u zich bewust bent van de cyclus, is het volgens Kolb mogelijk om uw eigen leren op deze manier te structuren. Het gaat dan met name om de volgorde, want u kunt zelf bepalen in welke fase u begint. Ga maar na: als u een nieuwe dvd-recorder hebt aangeschaft, kunt u op allerlei manieren proberen te leren hoe u het apparaat moet bedienen. U kunt – al dan niet lukraak – op de knoppen van de afstandbediening drukken (doen) en kijken wat er gebeurt (voelen). Maar u kunt ook beginnen met herinneren hoe u dat ook al weer deed met de oude videorecorder (waarnemen) en dat toepassen op het nieuwe apparaat (denken). Maar als we eerlijk zijn is het in dit voorbeeld waarschijnlijk het effectiefst om uw jongste zoon te vragen om het voor te doen (ervaring), zodat u daarmee de cyclus kunt doorlopen. We durven wel te stellen dat het doorlopen van de cyclus in een andere volgorde of het overslaan of te snel doorlopen van fasen minder effectief leren tot gevolg heeft.

De leerstijlen van Kolb

In het voorgaande is gesteld dat we het leerproces kunnen voorstellen als een cyclisch proces waarin vier fasen in dezelfde volgorde worden doorlopen. Daarbij hebben is aangetekend dat dat niet per se vanuit een vast beginpunt hoeft te gebeuren. David Kolb stelt dat we allemaal een bepaalde voorkeur hebben voor een fase in de cyclus. Daar beginnen we het liefst of besteden we de meeste tijd aan. Dat zijn de verschillende leerstijlen:

- Divergerend (mensen met deze leerstijl noemen we 'bezinners').
- Assimilerend (mensen met deze leerstijl noemen we 'denkers').
- Convergerend (mensen met deze leerstijl noemen we 'beslissers').
- Accommoderend (mensen met deze leerstijl noemen we 'doeners').

Omdat deze leerstijl voortvloeien uit de leercyclus van Kolb geven we opnieuw de figuur daarvan weer, maar nu met de leerstijlen daarin ingevuld. Vervolgens nemen we de leerstijlen met u door aan de hand van de voorkeuren die mensen hebben. Daarbij gaan we ook in op waar u als coach op moet letten.

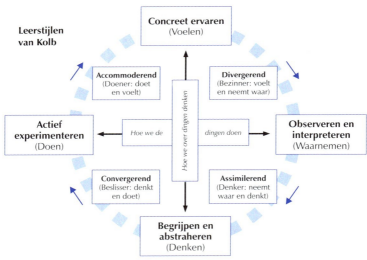

Afbeelding 2.2
De leerstijlen van Kolb

De bezinner
Bezinners zijn beschouwelijk aangelegd. Ze leren het makkelijkst door de opgedane ervaring vanuit verschillende invalshoeken te bekijken. Ze nemen makkelijk dingen in zich op en geven de voorkeur aan toekijken boven handelen. Ze verzamelen het liefst zo veel mogelijk informatie en proberen problemen met hun verbeeldingskracht op te lossen. Kolb noemt dit 'divergerend' omdat deze mensen breed georiënteerd zijn.

Ze hebben brede culturele interesses, staan open voor andere mensen en zijn vaak creatief en gevoelig. Bezinners zijn daarom sterk in het bedenken van ideeën en plannen, maar ze kunnen moeilijk kiezen en beslissen. Ze staan wel open voor feedback. Aan de coach de taak om hen te helpen bij het maken van keuzes.

De denker
Denkers hebben een geordende en methodische aanpak om te leren. Ze zijn meer geïnteresseerd in ideeën en concepten dan mensen. Ze kunnen heel goed een veelheid aan informatie op een rijtje zetten en op een overzichtelijke manier presenteren. Daarom noemt Kolb deze stijl 'assimilerend'. Denkers geven de voorkeur aan een goed kloppende theorie boven inzichten uit de praktijk. Ze komen goed tot hun recht in een academische setting. Aan leren door te doen, hebben ze een broertje dood. Liever leren ze door zich een theorie eigen te maken. Daarin zijn ze het tegenovergestelde van doeners. Omdat ze dan vaak moeite hebben hun inzichten in de praktijk te brengen, moet de coach de denkers met concrete plannen aanzetten tot actie.

De beslisser
Beslissers leren graag om ideeën en theorieën te vertalen naar praktische toepassingen. Ze zijn meer gericht op processen dan op mensen en goed in het oplossen van technische problemen. Het zijn vaak specialisten die experimenteren met het toepassen van concepten in de praktijk. Ze gaan doelgericht te werk. Hun achilleshiel is dat ze ongeduldig zijn. De coach moet de beslissers wijzen op het belang van bezinning. Hij moet hen behoeden voor het al te snel kiezen voor een oplossing. Grote stappen kunnen je ook ver van huis brengen.

De doener
Doeners hebben een hands-on leerstijl. Ze weten wat ze willen bereiken en gaan aan de slag. Daarbij baseren ze zich eerder op hun eigen intuïtie dan op logica. Ze zullen niet snel zelf informatie verzamelen. Ze gaan liever uit van andermans analyse en kiezen op gevoel voor een praktische aanpak. Als dat niet lijkt te werken, proberen ze al snel iets anders. Doeners denken uit zichzelf niet na over wat ze ervaren; laat staan dat ze hun ervaringen interpreteren om er nieuwe inzichten uit op te doen. De coach moet de doener vooral helpen om te leren theoretische kaders te ontwikkelen voor zijn handelen.

Zoals gezegd, zijn mensen geneigd om vooral die leerfase te ontwikkelen waarin ze al goed zijn. Denkers vormen een meerderheid, omdat in het onderwijs vooral een assimilerende leerstijl wordt aangeleerd. In Nederland is daar in het middelbaar onderwijs verandering in gekomen, maar voor het hoger onderwijs geldt dat nog niet. In het (internationale) bedrijfsleven worden de nadelen daarvan ondervonden. Henry Mintzberg wijst er in zijn boek *Managers, maar dan echte* op dat vooral business-schools managers afleveren die nauwelijks de slag van theorie naar praktijk kunnen maken.[8] Het ontbreekt hen aan een goed ontwikkelde convergerende en accommoderende leerstijl. Echt effectief leren kan pas als iemand alle leerstijlen beheerst. Het leren beheersen daarvan is wat we 'leren leren' noemen.

Coachen is dus mensen helpen om *zelf* te leren en te sturen. In het volgende hoofdstuk kijken we naar de methodiek die u daarvoor als coach kunt inzetten. Maar eerst geven we nog een prachtige illustratie van het leerproces aan de hand van een anekdote over meestercoach Cruijff.

In 1985 verliep de ontwikkeling van de Ajax-selectie uiterst moeizaam. Arnold Mühren noemt dat jaar 'het befaamde leerproces'. Hij constateert na afloop: 'Van het jaar van het leerproces is me vooral het enorme aantal fouten bijgebleven. Omdat de spelers niet gewend waren om zo te spelen.' De gevierde voetballers hadden er volgens Mühren ook de pest in om weer in de schoolbanken te moeten plaatsnemen. Irritatie alom: Veel jongens vonden dat Johan te veel ouwehoerde', zegt Mühren. Maar Cruijff zei altijd: 'Jongens, alles wat ik zeg, daar zit een idee achter. Ik zwam niet uit m'n nek.'[9]

Zo werd er tot vervelens toe geoefend op positiespel: je mag de bal maar één keer raken. Voordat je in balbezit komt, moet je dus al weten waar de bal naar toe moet. Een lastige opdracht voor sommige spelers, volgens Mühren: 'Robbie de Wit had het erg moeilijk, maar daar kon die jongen niets aan doen; het was hem nooit geleerd. Hij was altijd alleen maar bezig geweest met het passeren van die drie man en niemand die ooit tegen hem gezegd had dat hij ook nog een keer achterom moest kijken.' Toen Cruijff het spel stillegde om het nog een keer uit te leggen zei Robbie: 'Trainer, laat mij maar naar binnengaan, ik begrijp het toch niet.'[9]

Tja, wat doe je dan als coach? Later in dit boek krijgt u de instrumenten in handen om met dit soort situaties om te gaan. In het volgende hoofdstuk kijken we naar de methodiek van coaching.

Noten

1. www.nobco.nl/files/definition.htm.
2. Whitmore, J. (2003). *Succesvol coachen*. Soest: Uitgeverij Nelissen.
3. Naar, R. (2007). *Naar de Top. Expedities naar teambuilding, coaching en leiderschap*. Den Haag: Adventure Communication
4. Vandamme, R. (2003). *Handboek ontwikkelingsgericht coachen. Een hefboom voor zelfsturing*. Soest: Nelissen.
5. Cook, M. (2004). *Effectief coachen*. Den Haag: Academic Service.
6. Beek, M. van & Tijmes, I. (2005). *Leren coachen. Basisboek theorie en methode*. Soest: Nelissen.
7. Kolb, D.A. (1983). *Experiential Learning: Experience As The Source Of Learning And Development*. Upper Saddle River, NJ: Prentice Hall.
8. Mintzberg, H. (2004). *Managers, maar dan echte*. Schiedam: Scriptum.
9. Winsemius, P. (2004). *Je gaat het pas zien als je het doorhebt. Over Cruijff en leiderschap*. Amsterdam: Balans.

De methodiek van coaching

Een tweede kenmerk van coaching, naast 'zelfsturing', is 'structuur'. Coaching is altijd een gestructureerd en gefaseerd proces. Door een systematische benadering probeert de coach een patroon te ontdekken in het gedrag van de medewerker en de hulpvraag goed in beeld te krijgen. Dat is net zoiets als in een overvolle garage naar een fietspomp zoeken.

In dit hoofdstuk komen aan bod:

→ Verschillende soorten coaching.

→ Andere begeleidingsvormen dan coaching

→ De coachingsmethodiek.

→ De intake van het coachingsgesprek.

Inleiding

Nu u weet hoe mensen leren, hebt u wellicht de neiging om direct aan de slag te willen gaan met het instrumentarium van de coach dat verderop in dit boek aangereikt wordt. Maar voor we de gereedschapskist openen, moeten we eerst aandacht besteden aan de structuur van coaching. Het is namelijk altijd een gestructureerd en gefaseerd proces.

We kijken eerst naar de verschillende vormen van coaching, zodat u een afgewogen keuze voor een bepaalde soort begeleiding kunt maken. Daarna kijken we naar de methodiek en fasering van het coachingstraject.

Verschillende soorten coaching

Een allereerste onderscheid is dat tussen een-op-eencoaching en teamcoaching. Het coachen van teams wordt in hoofdstuk 11 besproken. Hier richten we ons dus op individuele coaching, of een-op-eencoaching. Ook daarin zijn verschillende vormen aan te wijzen, afhankelijk van de vragen of problemen waarvoor de medewerker begeleiding zoekt of nodig heeft.

In het boek *De Coach Approach* maken Bart van Baarsen en Gerri Blekink een onderscheid tussen drie verschillende soorten hulpvragen.[1]

Vragen waarbij de inhoud centraal staat

Als de te coachen medewerker weinig kennis van en/of ervaring met relevante situaties heeft, gaan zijn of haar vragen vooral over het 'hoe' en het 'wat'. Wat vorm betreft verschillen dit soort vragen niet veel van medewerker tot medewerker. Voorbeelden zijn:

- 'Hoe gaat de afdeling marketing daar gewoonlijk mee om?'
- 'Wat kan ik doen om een beter resultaat te scoren?'
- 'Hoe kan ik mijn medewerkers overtuigen van het nut van deze methode?'

Dergelijke vragen vormen het begin voor een sterk resultaat- of oplossingsgericht coachingstraject dat zowel door professionals kan worden gedaan als door ervaren collega's. De rol van de coach is vooral inhoudelijk gericht, zijn of haar interventies (pogingen om het denken en het gedrag van de medewerker te beïnvloeden) richten zich nauwelijks op de persoonlijkheid van de medewerker. Dit soort interventies wordt daarom 'oppervlakte-interventies' genoemd.

Vragen waarbij naast de inhoud ook de persoonlijkheid van de medewerker een rol speelt

Als de gecoachte bekend is met de relevante situaties, maar niet weet hoe ermee om te gaan, speelt zijn of haar persoonlijkheid een rol in de formulering van de hulpvraag. Het zijn vaak heel specifieke vragen. Voorbeelden zijn:

- 'Wat kan ik doen om te zorgen dat ik niet altijd in de verdediging schiet als ik feedback van mijn leidinggevende krijg?'
- 'Wat is een goede manier om het hoge ziekteverzuim van de senior beleidsmedewerker aan te pakken?'
- 'Hoe kan ik dit conflict met de accountant oplossen?'

Dergelijke vragen zijn aanleiding voor coachingstrajecten geleid door professionals.

Vragen waarbij de persoonlijkheid van de medewerker centraal staat

Iemand kan ook met vragen komen die helemaal los staan van de actuele situatie en niet een specifiek probleem als aanleiding hebben. Het gaat dan om vragen over de eigen vaardigheden, gevoelens en/of waarnemingen. Denk hierbij aan vragen als:

- 'Waarom kan ik hier zo slecht mee omgaan?'
- 'Wat drijft mij nou eigenlijk?'
- 'Hoe kom ik erachter waar mijn kracht ligt?'

Ook dit type vragen moet worden behandeld in een traject met een ervaren coach. Interventies die zich sterk op de persoonlijkheid richten, worden 'diepte-interventies' genoemd. Ze zijn bedoeld om de medewerker inzicht te verschaffen in de relatie tussen zijn of haar gedrag en de vragen waarop hij of zij een antwoord zoekt.

Andere begeleidingsvormen

Elk van deze drie verschillende 'hulpvragen' vraagt om een andere vorm van begeleiding. Naast coaching in engere zin, zoals dat in dit boek behandeld wordt, geven Van Baarsen en Blekink een aantal andere begeleidingsvormen. We lichten enkele van de genoemde begeleidingsvormen even kort toe.

Mentoring en collega-coachen

Mentoring is mensen helpen hun weg te vinden in een nieuwe omgeving, zoals een andere functie of een nieuwe functie. Het ligt dicht tegen adviseren. Sommige organisaties hebben een formeel mentoringsysteem. Het kan ook gebeuren dat oudere en ervaren werknemers zich spontaan als mentor opwerpen. Zij nemen nieuwe collega's informeel onder hun hoede en wijden hen in de geheimen van bedrijf, taak of cultuur. Tegenwoordig krijgen ook talentvolle vrouwen vaak een mentor toegewezen – of vormt zich een informele mentorrelatie met een hogergeplaatste man of vrouw – om hen te helpen als vrouw carrière te maken in een vaak nog door mannen gedomineerde bedrijfscultuur.

Om die reden wordt mentoring ook wel collega-coachen genoemd. Typerend voor deze vorm van begeleiding zijn immers de ouwe rotten met hun uitgebreide kennis van en ervaring met het vak, de (informele) processen en de structuur van de organisatie. Deze contextuele kennis is een groot voordeel van een collega-coach boven een externe coach. Het inhuren van een externe begeleiding is bovendien ook nog eens een stuk duurder. Daar staat tegenover dat een externe een frisse blik met zich meebrengt. Het voordeel van de inzet van ervaren collega's kan tegelijkertijd ook een nadeel zijn. Het komt vaak voor dat oudere medewerkers vast zijn blijven houden aan verouderde inzichten en werkwijzen, waar een nieuwe collega in een inmiddels veranderde bedrijfscultuur niet uit de voeten mee blijkt te kunnen.

Deze begeleidingsvorm is te verkiezen boven coaching als de coachingsvraag gaat over vakinhoudelijke vaardigheden die specifiek zijn voor de functie of organisatie of als er simpelweg behoefte is aan een klankbord.

Supervisie

Supervisie is sinds de jaren vijftig in zwang in bijvoorbeeld de gezondheidszorg en het onderwijs. Het is een opleidingstraject dat volgens een vaste methodiek verloopt. Coaching is juist sterk individueel bepaald en wordt door verschillende coaches anders ingevuld. Tegenwoordig wordt supervisie ook steeds vaker in andere sectoren en in de managementomgeving toegepast. Daardoor is de scheidslijn tussen supervisie en coaching aan het vervagen. Supervisie heeft de voorkeur als de coachingsvraag niet vanuit de medewerker komt, maar als een organisatie erop wil toezien dat iedereen in een bepaalde functie vooraf vastgelegde vaardigheden, kennis en methodes beheerst.

Personal coaching

Personal coaching richt zich, de naam zegt het al, op de persoonlijkheid van de medewerker. De interventies grijpen dieper in dan in het gemiddelde coachingstraject. Daardoor en door de thema's die aan de orde komen, ligt personal coaching soms dicht tegen therapie aan. Het verschil zit hem vooral in de andere aanpak. Een coach is geen psychoanalyticus en benadrukt steeds de zelfwerkzaamheid van de te coachen medewerker.

Als de problemen van de medewerker van psychische aard zijn, is het soms beter om door te verwijzen naar een therapeut, aldus executive coach Cees Pronk van Hay Group in het blad *HR-Strategie*. Het artikel waarin Pronk zijn visie op executive coaching geeft, is in dit boek opgenomen en te vinden in hoofdstuk 4. Het geeft een uitstekende omschrijving van deze discipline.

Counseling

Counseling is volgens de Algemene Beroepsvereniging voor Counseling (ABvC) 'een vorm van hulpverlening die erop gericht is de persoonlijke belevingswereld van een cliënt te verkennen, de signalen van zijn of haar lichaam te herkennen, de herkomst ervan te achterhalen en er een oplossing voor te vinden'.[2] Het gaat hier dus niet om zware therapie, maar een begeleidingsvorm gericht op gezonde mensen die het 'even niet meer zien zitten' of met psychosomatische klachten kampen.

De coachingsmethodiek

Nu u weet welke vorm van begeleiding u wanneer moet inzetten, is het tijd om te gaan kijken naar de manier waarop u coaching kunt structureren. Zoals we hiervoor al aangaven, kenmerkt coaching zich altijd door een duidelijke en een gefaseerde procesgang. Wij hanteren hier de indeling zoals Rudy Vandamme die uiteenzet in zijn *Handboek ontwikkelingsgericht coachen*.[3] Samengevat komt die erop neer dat u in de eerste coachingssessie het gesprek volgens de onderstaande vier stappen structureert:

- Personaliseer het project.
- Spoor overtuigingen en waarden op.
- Exploreer het ontwikkelingsgebied.
- Thematiseer het ontwikkelingsgebied.

De rode draad in deze vier stappen is het opsporen van patronen. Het patroon is een belangrijk begrip in coaching. Het is iets dat telkens terugkeert: zowel in je eigen observaties van het gedrag van de te coachen medewerker, als in de manier waarop deze zelf vertelt hoe hij zich in bepaalde situaties voelde, wat hij dacht en hoe hij handelde. Als u daarin overeenkomsten gaan opvallen als coach en u het patroon begint te ontdekken, hebt u waarschijnlijk een belangrijk element in het persoonlijk functioneren van de medewerker te pakken. We komen hier straks nog op terug. We lopen ze even kort met u door.

Het project personaliseren

De medewerker moet bereid worden gevonden om over zijn eigen gedachten en ervaringen te praten. Met andere woorden: hij moet niet alleen bereid zijn om zich te laten coachen op een bepaald terrein, zoals problemen op de afdeling, maar hij moet ook bereid zijn zichzelf en zijn eigen functioneren te onderzoeken en te koppelen aan de problemen waarmee hij worstelt. Dit noemen we het personaliseren van het 'project', het coachingsgebied.

Medewerkers beginnen lang niet altijd zelf over hun eigen functioneren. U hebt als coach verschillende technieken om mensen wel zo ver te brengen:

- Stel vragen naar de innerlijke ervaring van de persoon. Denkt u maar aan het soort vragen dat Mart Smeets aan euforische, dan wel diep teleurgestelde sporters pleegt te stellen.
- Stel persoonsgerichte vragen die met 'ik' beantwoord moeten worden.
- Stel veralgemenende vragen naar gedrag dat typerend is voor de medewerker.
- Parafraseer op een persoonlijke manier: zo bouwt u algemene uitspraken om tot persoonlijke uitspraken.
- Vraag om feedback van anderen op het functioneren van de persoon.
- Breng enthousiast andere mogelijkheden ter sprake: help de medewerker zich in te leven in andere zienswijzen en mogelijke scenario's.
- Maak het coachingskader duidelijk.

Lukt het met deze technieken nog niet om de persoon te brengen tot zelfreflectie en zelfonderzoek? Stel dan de coaching zelf ter discussie: misschien bent u niet de juiste coach voor deze persoon, of misschien is deze medewerker nog niet rijp om aan zichzelf te werken.

Waarden en overtuigingen opsporen

We zijn toe aan de tweede stap: het opsporen van overtuigingen en waarden die belemmerend of juist ondersteunend kunnen werken bij het coachingsproject. Vaak hebben mensen al lang beschikking over het gedrag dat ze nastreven, alleen in een andere situatie. Zelf hebben ze dat niet door. U als coach kunt hen helpen dat te ontdekken met behulp van de *K-W-techniek*: het scharnier tussen Kunnen en Willen.

Stel, iemand wil op zijn werk zijn medewerkers betere terugkoppeling op hun functioneren bieden, maar is er heilig van overtuigd dat hij dat niet kan zonder bot over te komen. Zijn coach kan hem helpen door te verwijzen naar een andere situatie waarin hij wel degelijk goed kan loslaten. De manager blijkt als coach van het hockeyteam van zijn zoon namelijk wel goed kritiek te durven geven. Vervolgens kan de coach vragen: 'Waarom durf je de hockeyjunioren wel feedback te geven en je medewerkers niet?'

Het antwoord kan bijvoorbeeld zijn dat de medewerker opziet tegen evaluaties en dat heeft weer alles te maken met zijn controledwang, die wordt ingegeven door faalangst. Het probleem ligt dus niet op het niveau van het gedrag, of de vaardigheden, maar is een gevolg van de persoonlijke instelling. De medewerker kan zich dus niet meer verschuilen achter een statement als: 'Dat kan ik nu eenmaal niet.' Nu die façade is doorbroken, kan de coach vragen: 'Waarom *wil* je het niet?' Als de barrière van het willen is genomen, staats niets het nieuwe gedrag – delegeren op het werk – meer in de weg, want 'willen is kunnen'.

Het ontwikkelingsgebied exploreren

We zijn toegekomen aan de derde stap: het exploreren van het ontwikkelingsgebied. Wat is de aanleiding voor de coaching? Wat is de hulpvraag?

Voor de coach is de kunst om voorbij de specifieke aanleiding of hulpvraag te kijken naar het achterliggende en bredere ontwikkelingsgebied (of, met een ander woord, leergebied). De term ontwikkelingsgebied is breder en klinkt positiever dan het woord 'probleem'. Het ontwikkelingsgebied omvat alle elementen die bij het centrale coachingsthema horen, dus niet alleen de werksituatie, maar bijvoorbeeld ook de sociale en familiale omgeving, het zelfbeeld en de levensloop. Net als een ontdekkingsreiziger moet de coach dat hele gebied exploreren en in kaart brengen. Vandamme maakt aan de hand van een metafoor meteen duidelijk waar het om gaat:

'Heb je ook wel eens meegemaakt dat je nergens in de garage je fietspomp kon terugvinden? En dat dit kwam doordat je garage een onoverzichtelijk geheel geworden was? Of misschien ken je hier andere voorbeelden van: een kledingstuk, een map in je bureaula, een document in je computer.

Het is natuurlijk een oplossing om een nieuwe fietspomp te gaan kopen. Maar lijkt het je niet beter om eens een grote schoonmaak te gaan houden in je garage? In mijn geval kwamen er vier vergeten fietspompen te voorschijn. Vier vergeten fietspompen.'[3]

Wees als coach dus op uw hoede als iemand bij u komt en om de metaforische fietspomp lijkt te vraagt. Natuurlijk is een nieuwe fietspomp kopen makkelijker dan de garage opruimen. Maar de grote schoonmaak heeft langer effect en voorkomt bovendien dat je de volgende keer weer zonder fietspomp zit, terwijl je een trein moet halen. Uiteindelijk is de kortste weg vaak toch niet de snelste.

Maar een coach moet een medewerker niet dwingen om tot het uiterste te gaan. De een besluit uit zichzelf dat het tijd is voor een grote schoonmaak. Een ander slaat aan het opruimen tot de fietspomp gevonden is en laat vervolgens de rest van de garage zitten. De taak van coach is om hem of haar te helpen verder te kijken dan datgene wat de concrete aanleiding voor het coachingsproject is. Dat 'verder kijken' dan de actuele vraag van de medewerker noemt Vandamme *deframing*. Hij omschrijft dit begrip als volgt:

'Het beperkende kader waarin de aanleiding gevangen zit, neem je weg. Dat doe je door het onderzoeksveld uit te breiden en de persoon niet te volgen in het specifieke van zijn aanleiding. Allereerst stuur je je vragen geleidelijk in de richting van een breder landschap: de persoon. De aanleiding blijft echter behouden. Het onderwerp wordt daarna ingekaderd in een breder persoonlijk ontwikkelingsproces.'[3]

Mensenkennis is het belangrijkste attribuut dat de coach nodig heeft voor een succesvolle exploratie. Maar het kan ook helpen om tijdens het eerste coachingsgesprek vanuit de onderstaande principes te werken:

- Verzamel zo veel mogelijk informatie.
- Onthoud u van een oordeel.
- Straal nieuwsgierigheid uit met uw lichaam.

- Orden de verzamelde informatie en zoek naar verbanden.
- Ga af op uw intuïtie.
- Let op of de ander meegaat in uw manier van denken.
- Wees terughoudend met terugkoppelen van resultaten of advies geven.
- Zoek naar hulpbronnen en positieve instellingen in de ander.

De intake

Als de echte, ware hulpvraag niet bekend is, kan een coachingstraject niet van start gaan. Dat wil niet zeggen dat dat aan het eind van de intake helemaal duidelijk is. Een sessie van een uur is vaak te kort om tot de kern te komen.

Bovendien kijken veel mensen eerst de kat uit de boom. De intake moet er dus ook op gericht zijn om de te coachen medewerker op zijn of haar gemak te stellen. De coach neemt in de eerste sessie genoegen met een te algemene of zelfs niet geheel geloofwaardige coachingsvraag. Als de medewerker vertrouwen krijgt in de coach en zijn of haar aanpak, kan dit verder uitgediept worden.

Maar soms is het winnen van het vertrouwen van de medewerker niet mogelijk. Dit is bijvoorbeeld het geval als iemand naar coaching 'gestuurd' is. Dan is zwaarder geschut nodig. Hieronder geven we een aantal concrete voorbeelden van gesprekslijnen die je kunt inzetten om de hulpvraag van de medewerker tijdens het intakegesprek goed in beeld te krijgen.

- *Met de deur in huis vallen*: 'Laten we er niet omheen draaien. Mijn taak is oplossingen te helpen vinden voor problemen. Jij zit hier omdat je een probleem hebt. Kan je dat voor mij in een paar zinnen samenvatten?
- *Verborgen verlangens aanboren*: 'In een ideale wereld, wat zou je dan doen om dit probleem op te lossen? Wat weerhoudt je daarvan in het echte leven?'
- *De beuk erin*: 'Sorry, maar dit zijn volgens mij echt bijzaken. Daar wil ik het dus niet over hebben. Volgens mij weet jij heel goed waar het werkelijk om draait. Waarom vertel je daar niet eens wat meer over?
- *Van man tot man*: 'Luister, we zijn allebei professionals. We zitten hier niet om de beste vrienden te worden. Dus vertel mij eens wat ik voor je kan betekenen en dan kijk ik wat voor je kan doen. Heb je dan het idee dat je daar niets aan hebt, nou, dan houdt het toch gewoon weer op?'

Het ontwikkelingsgebied thematiseren

Nu we het ontwikkelingsgebied in kaart hebben gebracht, wordt het tijd voor de laatste stap – het *thematiseren* van het ontwikkelingsgebied. Het *ontwikkelingsthema* is de uitkomst van de exploratie: datgene waar alles om draait, datgene wat de te coachen medewerker moet leren. Denkt u even terug aan de persoon die dacht niet te kunnen delegeren. Hij hoeft niet te leren delegeren, maar moet leren om zijn controledwang af te bouwen en zijn faalangst te overwinnen. Dat laatste is zijn ontwikkelingsthema.

Vandamme vergelijkt thematiseren wel met een puzzel van duizend stukjes, zonder dat je beschikt over de doos met een voorbeeld van de afbeelding. Door alle informatie te verzamelen en te combineren, ontstaat er langzaam een beeld. Als het goed is, werkt de coach niet alléén aan de puzzel, maar legt hij deze sámen met de medewerker in elkaar. Het uiteindelijke beeld – het ontwikkelingsthema – moet dan ook gedragen worden door de medewerker. Een goed geformuleerd ontwikkelingsthema heeft de volgende kenmerken:

- De medewerker moet zich erin kunnen herkennen.
- De formulering is ontwikkelingsgericht, positief, respectvol en neutraal.
- De formulering is abstract (anders valt de medewerker gemakkelijk terug in zijn oude onderwerp).
- In de bijbehorende uitleg worden geen vaktermen of diagnostische categorieën gebruikt.
- Het thema wordt niet gezien als definitief, maar als voorlopig en een momentopname.

Er zijn verschillende manieren om het thema te vinden. Die blijven hier verder onbesproken, op één na: het vragen naar voorbeelden. De coach kan door het vragen naar drie voorbeelden een patroon in het gedrag van de medewerker ontdekken, door de onderstaande stappen toe te passen.

In de volgende casus wordt duidelijk hoe krachtig het vragen naar voorbeelden kan werken. De casus laat nog twee belangrijke technieken voor het thematiseren zien. Het woord 'committeren' wordt tijdens het gesprek een aantal keer herhaald. Dit woord fungeert als anker. Gebruik als anker altijd een woord dat de te coachen medewerker zelf heeft genoemd. Deze techniek noemen we consolideren. In de casus worden de verschillende technieken van de coach schuingedrukt en tussen haakjes aangegeven.

> *Medewerker*: Ik weet heel goed wat ik aan mijzelf wil verbeteren: ik wil veel gedisciplineerder kunnen werken. Maar het lukt me niet om daarin de eerste stap te zetten. Ik lees wat in een boek over timemanagement, maak lijstjes voor mezelf, maar uiteindelijk komt er niets uit mijn handen. Ik weet gewoon niet goed hoe ik moet beginnen.

Coach: Volgens mij heb je de eerste stap al gezet door een coachingstraject te beginnen. Ik kan niet anders concluderen dan dat je echt van plan bent je gedrag te veranderen. Laten we starten met een voorbeeld. Kun je mij een voorbeeld geven van iets dat gebeurd is, iets waarvan je dacht: 'Zo kan het niet langer, nu moet ik echt iets doen'? (Naar voorbeelden vragen.)

Medewerker: Niet zo lang geleden heb ik 's avonds een collega thuis gebeld voor haar inlog op het systeem omdat ik de cijfers van vorige maand moest hebben voor een presentatie voor het mt de volgende ochtend. Ik schaamde me kapot. En ik zat tot na twaalven aan die presentatie werken.

Coach: Waarom was je pas zo laat aan die presentatie begonnen?

Medewerker: Ik weet het niet precies. Misschien dat ik dingen uitstel als ik ze niet leuk vind.

Coach: Kun je me een voorbeeld geven van iets waarvan de deadline in de toekomst ligt? (Naar voorbeelden vragen.)

Medewerker: Over twee maanden moet ik voor het jaarverslag een overzicht van onze afdeling aanleveren. Ik zie daar enorm tegenop. Ik ben eraan begonnen, maar nu heb ik het al weer een tijdje laten liggen. Het lukt me niet om eraan te committeren. Misschien zou ik het best kunnen.

Coach: Hmm, je zegt dat je wel tot een goed resultaat kunt komen als je jezelf eraan zou kunnen committeren? (Controleren.)

Medewerker: Ja.

Coach: Oké, heel goed, we hebben nu twee voorbeelden. Je zegt in het ene geval dat je iets uitstelt omdat je het liever niet doet, en in het andere geval is dat omdat je twijfelt aan je eigen capaciteiten. En op basis daarvan zeg je: 'Het ontbreekt mij aan discipline'? (Controleren en consolideren.)

Medewerker: Ja, maar ik kan nog wel meer voorbeelden bedenken.

Coach: Goed, kun je me dan een ander soort voorbeeld geven? (Naar voorbeelden vragen.) Liefst iets van buiten je werk, als het kan.

Medewerker: Ehm, het eerste wat me te binnenschiet, is als ik na werk nog een biertje ga drinken met collega's. Meestal wordt er op een gegeven moment eten besteld en dan zou ik eigenlijk naar huis moeten om samen met mijn vriendin te eten. Vaak eet ik dan toch wat in het café en drink ik daarna nog iets. Uiteindelijk kom ik dan aangeschoten en te laat thuis en loopt het uit op ruzie.

Coach: Dit is interessant, wat je nu zegt. Terwijl je bij het eerste voorbeeld jezelf niet tot actie aan kunt zetten, en je bij het tweede wel begint maar niet doorzet, heb je in dit laatste voorbeeld moeite om met een activiteit te stoppen. (*Structurerend samenvatten.*) Dat zijn allemaal verschillende reacties, maar wat ze in gemeen hebben, is dat er een discrepantie is tussen wat je *moet* doet en wat je *wilt* doen. (*Thematiseren.*) Waar het volgens mij om gaat, is dat je zoekt naar de vaardigheid om jezelf te committeren aan wat je wilt.

Medewerker: Ja, dat klopt.

Coach: Laten we kijken of er momenten in je leven waren waarop je wel kon committeren en waarom dat op bij de voorbeelden die je net noemde niet lukte.

Noten

[1] Baarsen, B. van & Bekkink, G. (2006). Vormen en bereik, stijlen en aanpak van 1-op-1-coaching. In Stammes, N. et al. (red.). *De Coach Approach. Organisaties veranderen door een coachende benadering*. Deventer: CoachingNet.
[2] www.abvc.nl/clienten/watis/midden.html
[3] Vandamme, R. (2003). *Handboek ontwikkelingsgericht coachen. Een hefboom voor zelfsturing*. Soest: Nelissen.

Visie: De essentie van executive coaching[1]

In het huidige tijdsgewricht staat de chief executive officer in het brandpunt van de belangstelling en krijgen CEO's steeds meer macht. Daarmee worden ook de persoonlijkheid en de persoonlijke stijl van de leider steeds relevanter. Executive coaching ontwikkelt zich dan ook snel tot een cruciale discipline. 'Kan ik die strategiewijziging wel aan, hoe ga ik om met mijn voorganger en hoe kom ik warmer over bij mijn medewerkers?' Executive coach Cees Pronk van Hay Group gaat samen met de leider op zoek naar de antwoorden op dit soort vragen.

Door Cees Pronk[2]

De bestuursvoorzitter van een van de grootste familiebedrijven van Nederland had zoveel op zijn bord dat hij problemen kreeg door een scheve *work-life balance*. Hij zocht contact met een executive coach. Als coach kun je dan proberen om dat volle bord leger te krijgen, maar de essentiële vraag is veel interessanter: hoe komt dat bord zo vol? De bestuursvoorzitter bleek een stijl te hanteren waarin hij mensen afhankelijk van zichzelf maakte. Hij kon niet delegeren, wilde altijd *in control* blijven en vond het diep in zijn hart heerlijk als mensen alles met hem overlegden. Eigenlijk vertrouwde hij zijn mensen niet. Het gevolg: een risicomijdende en initiatiefarme organisatie en een overladen topman. De bestuurvoorzitter moest leren om vertrouwen te geven en dingen los te laten. Om ingeslepen gedragspatronen te doorbreken, kreeg hij zowel reflectieopdrachten als praktijkoefeningen mee. Zo mocht hij bijvoorbeeld alleen de randvoorwaarden of het einddoel van klussen benoemen, de precieze invulling moest hij aan zijn medewerkers overlaten. Langzamerhand zag hij zijn *direct reports* in de nieuwe cultuur van vrijheid, autonomie en foutentolerantie zelfstandiger en initiatiefrijker worden. Vijf maanden later was hij eindelijk bereid om op het werk te vertellen dat hij zich had laten coachen. De reacties waren uiterst positief.

Executive coaching is vaak nog een taboe. Senior managers en zeker bestuursvoorzitters vinden dat ze het zonder hulp van anderen moeten kunnen stellen, dat ze overal een antwoord op moeten weten en dat zijzelf altijd het boegbeeld moeten zijn. Van die druk kunnen topmanagers knap onrustig worden. Terwijl het geen zwaktebod is als een CEO eens toegeeft dat hij het antwoord op een vraag niet direct paraat heeft, of dat hij zich laat coachen om zijn rol beter te kunnen vervullen.

Executive coaching bestrijkt een breed spectrum. Aan het ene eind staat business coaching: de coach helpt bij de vertaling van de turbulente omgeving naar een heldere ondernemingsstrategie. Aan de andere kant van het spectrum vinden we de therapeut, die zich exclusief richt op het individu. Wij opereren vanuit het midden van dit fluïdum tegen de achtergrond van het verbeteren van de performance van de coachee. Het centrale uitgangspunt van het coachingstraject wordt altijd gevormd door de uitdagingen waarvoor de onderneming staat, de rol van de *coachee* daarbij en de persoonlijke ambities die deze zichzelf stelt. Samen vormen deze drie uitgangspunten de persoonlijke businessdoelstellingen van de kandidaat, die bepalend zijn voor zijn effectiviteit als leider. We coachen zowel individuele leiders – op verzoek van zichzelf, de raad van bestuur of de raad van commissarissen – als managers die deelnemen aan een bestaand leiderschapsprogramma binnen hun organisatie.

Eerst op de foto

Executive coaching begint altijd met het maken van een 'foto': we proberen een beeld te krijgen van de kandidaat met behulp van instrumenten als assessment, 360°-feedback en het in kaart brengen van iemands drijfveren. Kortom: we proberen een goed beeld te krijgen van de ontwikkelpunten. Vooral als er een kloof gaapt tussen het zelfbeeld van de kandidaat en het beeld dat anderen van hem hebben, is zo'n foto cruciaal. Negen van de tien keer is dat het geval. De eerste bijeenkomst is dan ook gewijd aan het bespreken van de mogelijke ontwikkelpunten. In die bijeenkomst moet duidelijk worden of er voldoende *chemistry* is om met elkaar samen te werken. Bovendien moet de coachee aangeven of hij zich herkent in de ontwikkelpunten en of hij bereid is te veranderen en uit zijn comfortzone te komen. Anders is er geen basis om verder te gaan.

In die eerste bijeenkomst maken we ook concrete afspraken over het werkproces. Afhankelijk van de aard van het probleem of het leiderschapsprogramma kan er gekozen worden voor een coachingstraject van drie, zes, negen of twaalf maanden, op basis van maandelijkse sessies van twee tot drie uur. De kosten variëren van 6000 tot 25.000 euro. Daarnaast bespreken we de manier van werken. Zo wordt de vertrouwelijkheid gegarandeerd: de kandidaat moet zich veilig voelen om alles te kunnen zeggen. Verder bakenen we vooraf de grenzen af: het gaat om coaching, niet om psychotherapie. *Action learning* vormt een belangrijk uitgangspunt gedurende het coachingstraject: na de sessie krijgen kandidaten praktijkopdrachten mee. Afhankelijk van de afspraken met de coachee, kan er aan het einde van het traject een eindverslag worden gemaakt voor de hr-directeur of bestuursvoorzitter, dat de basis vormt voor een ontwikkelplan voor de toekomst. We spreken tijdens die eerste bijeenkomst ook af dat mensen op elk moment kunnen stoppen met het traject. Na twee tot drie keer evalueren we of het zinvol is om door te gaan.

Oefenen in rollenspel

Executive coaching laat zich pas goed doorgronden aan de hand van de veelkleurige praktijk. Zo is er het voorbeeld van de twee directeuren die tegen problemen aanlopen tijdens de eerste zes maanden van hun nieuwe functie. De eerste directeur staat aan het hoofd van een familiebedrijf. Zijn voorganger loopt nog steeds rond in het bedrijf, hij wil zijn opvolger graag inwerken. De tweede directeur geeft leiding aan een middelgrote bank. Zijn voorganger is op de eerste dag van zijn aantreden vertrokken. Hij vond dat zijn opvolger het recht had zijn eigen weg te zoeken.

In beide gevallen verloopt de opvolging problematisch. Bij directeur 1 had de voorganger beter direct kunnen vertrekken. Hij loopt zijn opvolger voor de voeten en staat diens aanvaarding als nieuwe leider door de organisatie en de omgeving in de weg. De opvolger durft zijn voorganger niet te schofferen en vermijdt alle gevoeligheden en strijdpunten. Zijn eigen filosofie durft hij niet neer te zetten, uit angst dat deze vast niet goed gevonden zal worden. Waaróm vindt de opvolger het zo moeilijk om zichzelf als de nieuwe leider te manifesteren? De coach haalt boven tafel dat hij onzeker is, conflicten vermijdt en altijd aardig gevonden wil worden. Aan de hand van een rollenspel oefent de kandidaat tijdens de coachingssessie hoe hij zich kan laten gelden in een gesprek met de beste klantrelatie van zijn voorganger, waarna hij het gesprek in werkelijkheid aangaat.

Bij directeur 2 had de voorganger beter niet meteen kunnen vertrekken. Zijn opvolger mist de kennis en ervaring die de afzwaaiende directeur met zich meeneemt. Hij ziet het als een zwaktebod om hulp te vragen aan de vertrokken directeur. Tijdens de coachingssessie leert de kandidaat zelf inzien welke alternatieve aanpak effectiever zou kunnen zijn. Coaching is immers niet: adviseren, voorzeggen, tips geven, maar mensen leren naar hun eigen gedrag te kijken, alternatieven te bedenken en zelf te kiezen.

Dat wordt ook weer duidelijk in het volgende voorbeeld. Een lid van de raad van bestuur van een grote, succesvolle multinational kan geen slechtnieuwsgesprekken voeren. Bij het doorlichten van het managementteam blijken twee van de zeven leden te onderpresteren. 'Ach, er vloeit geen bloed uit', denkt het bestuurslid. 'We gaan er gewoon met het hele team voor. Als de sfeer maar goed is.' De stijl van de leider is conflictmijdend en kenmerkt zich door een sterke relationele sturing, geboren uit een drang om aardig gevonden te worden. Een slechtnieuwsgesprek past daar niet in. Ondertussen ontstaat er gemor bij de vijf wel goed presterende teamleden die harder moeten lopen om het falen van hun disfunctionerende collega's goed te maken. Het team presteert onder zijn kunnen. Het bestuurslid legt hier en daar noodverbandjes aan, maar onderhuids ziekt het probleem door. De coach probeert allereerst om de mooi-weerfilosofie van het bestuurslid te deprogrammeren en toont hem vervolgens de vervelende consequenties van zijn gedrag voor het team en de resultaten. Daarna oefent hij een slechtnieuwsgesprek in een pittig rollenspel. Daarin krijgt hij van een fictieve medewerker het verwijt dat hij nooit eerder heeft gehoord dat hij niet goed functioneert en zelfs altijd een vette bonus heeft gekregen. Vervolgens voert hij gesprekken met de twee underperformers uit zijn team: de een heeft nog een kans gekregen, met de ander heeft een exitgesprek plaatsgevonden.

In een ander voorbeeld heeft de algemeen directeur van een retailbedrijf met zo'n 300 miljoen euro omzet juist moeite met het leggen van relaties en het uitstralen van warmte. Met zijn financiële achtergrond, met zijn cijfermatige benadering en na een onfortuinlijke ontwikkeling in zijn privéleven vraagt hij zich af of hij als een te koude persoonlijkheid ervaren wordt. Als coach kun je dan teruggaan naar de invloeden uit zijn jeugd, zijn *childhood messages*. Als wees op jonge leeftijd had hij nooit veel warmte ervaren van zijn ouders en had hij altijd moeten vechten voor zijn jongere broertjes en zusjes. Na twee sessies met analyse volgde een oefenopdracht: in het wekelijkse overleg op de maandagmorgen met de directeur marketing & sales moest hij iets vertellen over zichzelf. Hij vond het belachelijk, moest echt uit zijn comfortzone komen, maar hij deed het wel. Hij vertelde dat hij met zijn dochter naar een tenniswedstrijd was geweest. Het sloeg in als een bom, hij kreeg meteen feedback van zijn gesprekspartner: 'Ik wist niet eens dat je een dochter hád!' In dit voorbeeld zijn oorzaak – de jeugd van de topman in kwestie – en gevolg redelijk te overzien. Soms is het verstandiger om als coach door te verwijzen naar een therapeut.

Empathisch vermogen

Als coach zie je een aantal vraagstukken steeds terugkomen. Allereerst de directeur die al lang op dezelfde positie zit. De veranderende omgeving vraagt om een strategiewijziging en de directeur vraagt zich af of hij de nieuwe situatie wel aankan. De coach gaat dan allereerst in op de aard van de veranderingen: zijn ze organisatorisch, is er een andere marktbenadering noodzakelijk, vraagt het om andersoortige processen? Vervolgens vraag je: wat kun je wel, wat kun je niet? Wat vind je leuk? En als jij de slag niet kunt maken, zijn er dan anderen die dat wel kunnen en kun jij dan misschien opschuiven naar de rol van commissaris?

De tweede veelvoorkomende coachingsvraag betreft de opvolging: een directeur weet dat hij over twee jaar afscheid moet nemen. Maar met zijn dominantie zit hij zijn eigen opvolging in de weg. De uitdaging is om het managementteam zo ver te krijgen dat het over twee jaar zelfstandig kan functioneren. De directeur in kwestie moet leren zijn dominantie af te bouwen en alsnog te beginnen met het voorbereiden van zijn afscheid: het zoeken van een interne of externe opvolger en het regelen van het opvolgingsproces: acuut of via een overgangssituatie.

De derde coachingscase concentreert zich rond de *pace setter*: het type directeur dat 'te ver voor de troepen uitloopt', altijd het goede voorbeeld moet geven, ongeduldig is en te hoge eisen aan anderen stelt. Je ziet deze pace setters regelmatig in professionele organisaties, waar het beste jongetje in de klas de leider is geworden. Zo'n type kan de organisatie ver brengen, maar als de groei te snel gaat, kan de organisatie het tempo niet meer volhouden. Een oplossing kan vaak gevonden worden in een andere opbouw van het team, of in een andere taakverdeling. Soms ook moet de leider leren om beter te delegeren.

De rode draad in al deze cases is dat leiders vaak én te weinig inspireren én een laag empathisch vermogen hebben. Het resultaat is een leider die niet voldoende impact heeft. Het is fantastisch om als coach hieraan te werken. Bovendien word je gewaardeerd om de feedback die je geeft. De topjongens en -meisjes krijgen maar zeer sporadisch feedback. Ze staan vaak alleen en krijgen weinig tegenspraak. Het is dan ook jammer dat executive coaching soms nog wordt gezien als een taboe, of alleen wordt ingezet als er problemen zijn.

Leiderschapsontwikkeling in een andere omgeving

Twee tot drie keer per jaar vertrekken onze coaches met een groep van zes tot acht leiders naar een ontwikkelingsland voor de organisatie Better Future. In tien dagen werken ze met lokale leiders aan projecten om de armoede te bestrijden. Tegelijkertijd worden ze gecoacht om zelf betere leiders te worden. Er gaat een enorme meerwaarde uit van zo'n reis. Allereerst zijn mensen uit hun vertrouwde omgeving. Verder realiseren ze zich dat ze niet alleen komen brengen, maar ook halen: het inzicht dat je zelfs in bittere armoede gelukkig kunt zijn. Ook leren ze hun problemen thuis en op het werk te relativeren. En tot slot is er geen betere plek om te oefenen in de meest cruciale leiderschapsvaardigheid: empathisch vermogen.

Noten

[1] Dit hoofdstuk is eerder gepubliceerd in het blad *HR-Strategie*, nummer 2, maart 2007.
[2] Cees Pronk is Director Business Development Nederland en Head of Talent Management. In die laatste hoedanigheid is hij wereldwijd verantwoordelijk voor de *succession planning* van alle general managers van de Hay Group-vestigingen in veertig landen. Daarnaast is Pronk executive coach voor klanten van Hay Group.

De structuur van coaching

5

Elk coachingstraject kent een duidelijke structuur. De verschillende gespreksmodellen bevatten steeds dezelfde elementen: vaststelling en analyse van het probleem, diagnose, brainstorming over en planning van acties en de uitvoering daarvan. Met de koppeling van coaching aan de jaarlijks functionerings- en beoordelingscyclus kunnen organisaties de basis leggen voor het ontwikkelen en managen van competenties. Bovendien hoeven de manager en zijn medewerkers niet meer wakker te liggen van het voeren van het jaarlijkse beoordelingsgesprek.

In dit hoofdstuk komen aan bod:

→ Het GROW-model.

→ Coaching integreren in het beoordelingsproces.

→ Cyclisch competentiemanagement.

→ De vijf-minutencoach.

Inleiding

Hoor, uw medewerker klopt aan voor de afgesproken eerste coachingssessie. Hij neemt plaats en kijkt u verwachtingsvol aan. Wat nu? Zomaar een uur doelloos praten heeft weinig zin. De gesprekken moeten een structuur hebben. Columbus wist dat al. In 1492 vertelde hij zijn bemanning precies waar hij heen wilde, al had hij geen flauw idee hoe hij er moest komen. (Hij kwam dan ook aan in Amerika, in plaats van het India dat hij voor ogen had.) En Johan Cruijff zei ooit: 'Ik heb een verschrikkelijke hekel aan iemand die beweegt, maar niet weet waar naartoe'.[1]

In het vorige hoofdstuk hebben we gezien welke methodiek we bij coaching kunnen hanteren. Nu is het tijd om te kijken naar hoe we het coachingsproces kunnen structureren. In de literatuur komen we verschillende gespreksmodellen voor coaching tegen. De beginletters van elke stap vormen vaak een makkelijk te onthouden ezelsbruggetje. We beschrijven er hier heel kort drie.

Er is het ARROW-model van Matt Sommers.[2] Dit bestaat uit de volgende stappen:

- Aims.
- Reality.
- Reflection.
- Options.
- Way forward.

In het ACHIEVE-model van Sabine Dembkowski en Fiona Eldridge[3] worden de volgende fasen onderscheiden:

- Assess current situation.
- Creative brainstorming of alternatives to current situation.
- Hone goals.
- Initiate options.
- Evaluate options.
- Valid action programme design.
- Encourage momentum.

Tot slot noemen we het POSITIVE-model van Vincenzo Libri.[4] Dit letters staan voor:

- Purpose.
- Observations.
- Strategy.
- Insight.
- Team.
- Initiate.
- Value.
- Encourage.

Wellicht dat het wat duizelt na deze reeks afkortingen, elke weer langer dan de voorgaande. Wees gerust, we gaan niet in detail op deze drie modellen in. Dat is ook niet nodig, want eigenlijk zijn ze allemaal uit dezelfde elementen opgebouwd. Deze basisstructuur is:

1 Analyse van het probleem.
2 Vaststellen van de diagnose.
3 Brainstorming over en planning van acties.
4 Uitvoering en bijsturing van acties.

De geestelijk vader van deze basisstructuur is John Whitmore.[5] We bespreken eerst zijn GROW-model en zullen daarna laten zien hoe dit is toe te passen in beoordelings- en functioneringsgesprekken en bij het begeleiden van medewerkers.

Het GROW-model

Het GROW-model is het invloedrijkste model voor coaching. Zoals we eerder zagen, is het de inspiratie geweest voor een aantal andere modellen. Het GROW-model is een uit vier stappen opgebouwde cyclus voor coaching. De vier stappen zijn:

- Goal (doel).
- Reality (huidige situatie).
- Options (opties).
- Wrap-up (conclusie).

Omdat het model zo veel toegepast wordt, staat in de Engelstalige praktijk de vierde stap onder verschillende noemers bekend. In plaats van 'Wrap-up' wordt ook 'Will', 'What now' en 'What next' gebruikt. De term 'Wrap-up' zou de medewerker te zeer als een passieve deelnemer afschilderen, die aan het eind van de sessie instructies door zijn coach krijgt voorgelegd. Dat is uitdrukkelijk niet de bedoeling van het GROW-model. In elke stap legt de coach een aantal vragen voor. De antwoorden dient de medewerker zelf te formuleren. Om het overzichtelijk te houden, geven we het model hieronder schematisch en in het Nederlands weer.

Per stap hebben we alvast de belangrijkste vraag genoemd. Alle vragen die tijdens een stap gesteld worden, zijn daarvan afgeleid. We lopen de stappen nu een voor een door. De vragen die daarbij aan bod komen, geven een indruk van wat de coach zoal aan de orde moet stellen. Als coach kunt u natuurlijk uw eigen vragen kiezen en formuleren.

Het doel: wat wil je?

De coach helpt de medewerker met het formuleren van het doel. Samen bekijken ze welk probleem er nu precies voorligt en waarom dat aangepakt moet worden. De coach kan daarin beter niet te veel sturen: het is van belang dat de medewerker in zijn eigen woorden uitdrukt wat het doel van de coaching is. Om hem daarbij te helpen kan de coach in deze fase de volgende vragen stellen:

- Wat is het onderwerp dat je wilt bespreken?
- Wat wil je precies bereiken?
- Waarom is dat belangrijk voor je?
- Heb je het gevoel dat dit doel haalbaar is?

De huidige situatie: wat speelt er op dit moment?

De coach vraagt de medewerker te beschrijven wat er op dat moment voor hem speelt. Hoe ervaart hij zijn situatie op dat moment? Het is belangrijk dat er een goed beeld is van het beginpunt. De coach kan dat stimuleren door steeds te vragen naar concrete voorbeelden en hoe de medewerker achteraf zijn eigen rol daarin beoordeelt. Verder kan de coach in deze stap de volgende vragen stellen:

- Hoe ervaar je je huidige situatie?
- Kun je die situatie beïnvloeden of ben je daarvoor afhankelijk van anderen?
- Wat heb je tot dusver gedaan?
- Op welke hindernissen ben je gestuit?
- Welke middelen heb je nodig om verder te komen? Welke heb je al?

De opties: wat zou je kunnen doen?

Nu er een overzicht is van de huidige situatie, kan worden verkend wat daarin mogelijk is. Met andere woorden: welke mogelijke oplossingen kunnen voor het probleem worden aangedragen? De coach stimuleert de medewerker om met zo veel mogelijk oplossingen te komen en deze met hem te bespreken. De coach geeft voorzichtig advies, maar zorgt ervoor dat vooral de medewerker aan het woord is. De coach kan in deze stap de volgende vragen stellen:

- Op welke manier kan je het probleem benaderen?
- Hoe zou het zijn als je meer middelen, tijd of macht had?
- Welke oplossing zou het beste resultaat opleveren?
- Bij welke oplossing voel je je het prettigst?

De conclusie: wat ga je daadwerkelijk doen?

Het doel, de uitgangssituatie en de meest kansrijke opties zijn in kaart gebracht. De medewerker zal al wel een idee hebben van wat hij zou kunnen doen. Nu is het zaak dat hij de meest geschikte oplossing kiest en zich daaraan committeert. Daarnaast moet worden geïnventariseerd waar mogelijke hindernissen liggen en hoe deze kunnen worden overkomen. De coach kan in deze stap de volgende vragen stellen:

- Welke oplossing kies je?
- Biedt die oplossing het beste resultaat?
- Welke tegenwerking kun je verwachten? Hoe wil je daarmee omgaan?
- Wiens steun heb je nodig? Hoe kun je die krijgen?
- Kun je je commitment in een cijfer uitdrukken?
- Hoe zou je je commitment verder kunnen verhogen?

Coaching integreren in het beoordelingsproces

Deze coachingsstructuur kan ook worden toegepast in het traject van functionerings- en beoordelingsgesprekken dat vrijwel alle grotere organisaties kennen. Dat heeft grote voordelen. Een niet-coachende manager spaart al zijn observaties, kritiek en complimenten op voor het jaarlijkse beoordelingsgesprek. Zijn medewerkers zien niet zelden met angst en beven uit zien naar dat ene gesprek in het jaar waarin ze te horen krijgen wat hij nu eigenlijk van hen vindt. Om ze zich van tevoren al schrap zetten zal trouwens ook de niet-coachende manager niet uitzien naar dat gesprek. Omdat er tussentijds niets wordt bijgehouden, moet hij volledig op zijn geheugen vertrouwen. En dus gaat hij bij de beoordeling uit van wat hem nog het helderst voor de geest staat: de laatste paar maanden. Het functioneren van de rest van het jaar komt vervolgens niet meer terug in het beoordelingsrapport.

Sommige medewerkers maken misbruiken van dit selectieve geheugen van hun manager. Ze gaan gedurende de laatste twee maanden voor hun beoordelingsgesprek ineens een stuk beter hun best doen. Zodra de positieve beoordeling en de bijbehorende bonus binnen is, vallen ze weer terug in hun oude gedrag. Voor andere medewerkers komt de beoordeling soms juist als een complete verassing, omdat hun manager zich in het beoordelingsrapport negatief uitlaat over hun functioneren, terwijl hij dat nooit eerder heeft laten blijken. De kritiek komt dan volstrekt uit de hemel vallen. Dit 'verrassingssyndroom' leidt gemakkelijk tot contraproductief gedrag: verbittering, boosheid, subtiel of openlijk verzet, gedemoraliseerd zijn en alles tegelijk.

Bovendien is er tijdens slechts één jaarlijks beoordelingsgesprek vaak geen sprake van een beoordeling op resultaat. De beoordeling blijft vaak steken bij een evaluatie van eigenschappen. Managers zijn geneigd om al hun medewerkers positief te waarderen. Het gevolg is cijferinflatie en 'one size fits all'-benaderingen: 'Marietje levert vaak goed werk. Ze is een op kwaliteit gerichte medewerker van wie je goed werk kunt verwachten. Uitstekende beoordeling voor kwaliteit.' Leuk voor Marietje en fijn voor deze manager dat hij over zo'n uitstekende medewerker beschikt, maar met het evalueren van vooraf gestelde doelen heeft het weinig te maken.

Periodiek coachen op resultaat en tussendoor evalueren is dus een betere route. Bovendien is er dan tussendoor gelegenheid om bij te sturen. Dat is beter dan de manager die zich tussendoor nergens mee bemoeit en pas achteraf aangeeft wat er allemaal fout is gegaan. Door zijn medewerkers regelmatig feedback te geven, of dat nu positief of negatief is, en open te staan voor hun reacties, houdt een leidinggevende de vinger aan de pols. Met die informatie is het voor beide partijen van tevoren helder wat er tijdens een functioneringsgesprek aan de orde zal komen. Die functioneringsgesprekken dienen dan overigens wel vaker dan eens per jaar plaats te vinden.

Marty Brounstein heeft een mooie structuur uitgedacht voor het vormgeven van zo'n functionerings- en beoordelingsproces in de praktijk. Het zijn drie fasen in een jaarlijkse of halfjaarlijkse cyclus.[6] Als het functionerings- en beoordelingsproces er op deze manier uitziet, is het beoordelingsgesprek een fluitje van een cent. De manager pakt zijn aantekeningen van alle discussies en feedbacksituaties door het jaar heen erbij en kan zo zijn rapport schrijven.

De eerste fase: planning

De resultaten die de medewerker wordt geacht te halen, worden in een overleg tussen manager en de medewerker in een functioneringsplan vastgelegd. Daarin zijn in ieder geval de volgende onderdelen in opgenomen:

- Doelen en de eisen die daaraan gesteld worden.
- Planningen van projecten en opdrachten.
- Evaluatiemomenten.

De tweede fase: feedback, periodieke beoordelingen en documentatie

De manager geeft de medewerker geregeld feedback op de werkvloer, zowel positief als negatief, over zijn functioneren. Punten die dan aan de orde komen kunnen verder worden uitgediept in tweezijdige coachingsdiscussies. Daarnaast zijn er periodieke beoordelingsgesprekken. Hoewel ze gepland worden, dienen ze informeel van aard te zijn, al is het informele karakter van het gesprek ook weer niet zo sterk dat er geen aantekeningen gemaakt worden. Omdat er al eerder feedback is gegeven, zal veel van wat er wordt besproken niet als een verrassing komen voor de medewerker of manager. De bedoeling is dat niet alleen de doelen aan bod komen – en in hoeverre die gehaald worden – maar ook de voortgang van grotere projecten en opdrachten. Indien nodig, kunnen de planningen daarvan worden bijgesteld.

De derde fase: afronding

In de derde fase schrijft de manager een functioneringsrapport, dat oordeelt of de resultaten die in de eerste fase zijn afgesproken, gehaald zijn. Daarvoor kan hij putten uit zijn aantekeningen van de beoordelings-, coachings -, en feedbackgesprekken die hij het afgelopen jaar met de medewerker gevoerd heeft. Naast een oordeel over het functioneren van de medewerker in de afgelopen periode moet het rapport ook achteraf oordelen of de doelen en planningen realistisch waren. In een afrondend gesprek bespreekt de manager het rapport met de medewerker: worden alle conclusies gedeeld? Vervolgens kan worden gekeken wat dit betekent voor het functioneren van de medewerker voor de komende periode. Wellicht moeten er nieuwe doelen worden gesteld, of bestaande doelen opnieuw geformuleerd. Dat vormt dan de input voor een nieuw functioneringsplan. Ten slotte moet er gelegenheid zijn om het beoordelingsproces zelf te evalueren, waarin er aandacht is voor de onderlinge relatie en het functioneren van de manager als coach.

Cyclisch competentiemanagement

In de vorige paragraaf beschreven we vooral de vorm van het functioneringsgesprek, zonder in te gaan op de inhoud. Omdat veel organisaties tegenwoordig competentiemanagement hebben opgenomen in hun hr-beleid, besteden we nu vervolgens aandacht aan hoe coaching hierin een bijdrage kan leveren. Nico Smid en Martijn van der Woude hebben twee cycli ontwikkeld die een link leggen tussen competentiemanagement en coaching.[7] Hieronder bespreken we achtereenvolgens de hr-cyclus en de persoonlijke ontwikkelcyclus.

De hr-cyclus

De hr-cyclus is gericht op het op het ontwikkelen van de competenties van de medewerker op de korte termijn. De cyclus begint met een planningsgesprek tussen manager en medewerker. De afspraken die in dat gesprek worden gemaakt, worden gedurende een jaar in coachings- en voortgangsgesprekken bewaakt. Op basis daarvan worden aan het eind van het jaar de bereikte resultaten in een beoordelingsgesprek beoordeeld. Die beoordeling is dan weer het uitgangspunt voor het planningsgesprek aan het begin van het volgende jaar. In de afbeelding is de cyclus schematisch weergegeven.

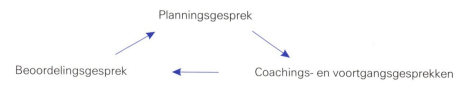

We gaan hier vooral in op het planningsgesprek. De uitgangspunten voor de manager zijn daarbij de beoordeling van het voorgaande jaar, het persoonlijk ontwikkelplan en, voor zover van toepassing, het competentieprofiel dat bij de functie hoort. Op basis daarvan stelt hij de medewerker de te behalen resultaten voor. Volgens Smid en Van der Woude kan dat het best via de volgende stappen plaatsvinden:

1 Vaststellen van prestatiedoelstellingen.
2 Vaststellen van gewenste competenties.
3 Formuleren van ontwikkeldoelstellingen.

Vaststellen prestatiedoelstellingen
De doelstellingen van de organisatie moeten worden vertaald naar prestatiedoelen op het niveau van de medewerker. Manager en medewerker kiezen daarom vier tot acht doelstellingen die een concrete output beschrijven. Daarbij kunt u denken in termen van omzet, verkopen, in behandeling genomen dossiers of wat kortom in de individuele situatie van de medewerker van toepassing is. Een voorbeeld kan zijn dat het aantal dossiers dat een medewerker per maand afhandelt, omhoog gaat van vijftien naar twintig, waarbij hij maandelijks rapporteert over de vooruitgang. Tot hiertoe lijkt de cyclus nog niet te verschillen met het beoordelingsproces dat in de vorige paragraaf besproken werd. Zoals we nu zullen zien, stuurt de hr-cyclus stuurt echter ook rechtstreeks op de competenties van medewerkers.

Vaststellen gewenste competenties
Nu de prestatiedoelen vastgesteld zijn, is de volgende stap te bepalen hoe die gewenste prestaties precies bereikt kunnen worden. Anders gezegd: over welke competenties dient de medewerker te beschikken om zijn prestatiedoelstellingen te kunnen realiseren? Smid en Van der Woude definiëren het begrip 'competentie' als volgt: 'Competenties zijn eigenschappen of vaardigheden van mensen die bijdragen aan succesvol opereren in een rol of functie.'

Veel organisatie hanteren immers competentieprofielen die per functie of rol vastleggen welke eigenschappen of vaardigheden nodig om goed te presteren. Maar ook zonder competentieprofielen kunnen manager en medewerker in onderling overleg bepalen welke competenties noodzakelijk zijn.

Formuleren van ontwikkeldoelstellingen
De vraag is nu natuurlijk welke competenties de medewerker moet ontwikkelen om zijn prestatiedoelstellingen (gemakkelijker) te kunnen bereiken. Een goede coach zal zich daarbij ook afvragen – ongeacht of er nu wel of niet een competentieprofiel vastgesteld is – welke competenties van belang zijn voor een mogelijke toekomstige functie. Op die manier worden een of twee ontwikkelpunten geformuleerd voor de medewerker. Die kunnen dan zowel betrekking hebben op vakinhoudelijke kennis als vaardigheden. Als bijvoorbeeld wordt afgesproken dat een medewerker per maand een bepaald aantal dossiers afhandelt, kan de medewerker er baat bij hebben het komende jaar de competentie timemanagement te ontwikkelen. Daarvoor wordt dan een ontwikkelplan opgesteld dat periodiek, bijvoorbeeld elke drie maanden, in een

voortgangsgesprek geëvalueerd wordt. Als de medewerker daarvoor bepaalde ondersteuning nodig heeft, zoals een cursus, wordt dit nu ook vastgelegd.

De persoonlijke ontwikkelcyclus

De tweede gesprekscyclus die Smid en Van der Woude bespreken is gericht op de lange termijn. Deze cyclus kan zich uitstrekken over een periode van een aantal jaren. De cyclus gaat van start als een medewerker in een nieuwe functie begint. De manager houdt een loopbaangesprek met de medewerker waarin zijn kennis, vaardigheden en competenties worden geïnventariseerd. Op basis van de resultaatdoelstellingen die voor de medewerker gaan gelden wordt vervolgens gekeken op welke gebieden hij zich nog moet en kan ontwikkelen. De afspraken die daarover worden gemaakt, worden vastgelegd in een persoonlijk ontwikkelingsplan (POP).

De vijf-minutencoach

Een coachingstraject bestaat doorgaans uit een aantal sessies van bijvoorbeeld een uur. In die sessies wordt er zorgvuldig gebouwd aan de ontwikkeling van de medewerker en zijn competenties, zoals we hiervoor zagen. Maar soms heeft een medewerker een acuut probleem waarvoor hij zijn coach direct nodig heeft. Dat is het mooie van coaching: gesprekken kunnen anderhalf uur duren, maar soms is vijf minuten genoeg om iemand die is vastgelopen weer op weg te helpen. Max Landsberg heeft een methode geïntroduceerd om in zeer korte tijd resultaten te kunnen boeken.[8] We illustreren de werkwijze van de 'vijf-minutencoach' aan de hand van een voorbeeld.

> Bob is projectmanager bij een grote verzekeraar. Hij is daar verantwoordelijk voor het samenvoegen van een aantal administratieve afdelingen. Bob staat onder grote druk: het project dreigt grote vertraging op te lopen. Erik, het hoofd van de grootste afdeling, ziet de samenvoeging als een bedreiging en werkt het op alle mogelijke manieren tegen. Bob gaat langs bij Ferdinand, het directielid waar hij aan rapporteert. Die heeft nog tien minuten voordat hij een belangrijk sollicitatiegesprek moet houden.
>
> Ferdinand heeft het interne coachingsprogramma doorlopen. Hij vraagt Bob het probleem precies te omschrijven. Bob legt uit dat hij niet verder kan als hij zo weinig medewerking krijgt. Zijn oplossing is dat hij een deel van het afdelingsbudget van Erik krijgt toegewezen. Daarmee kan hij dan zelf iemand voor de stuurgroep van het project aannemen. Ferdinand denkt even na: hij wil Bob ervan overtuigen dat de aanval niet altijd de beste verdediging is. Hij vraagt Bob om op een flip-over de ideale situatie te beschrijven: hoe zou het plaatje eruitzien als er geen problemen waren?

Daar hoeft Bob niet lang over na te denken. Dan zou Erik gewoon een medewerker aanwijzen om voor zijn afdeling alle processen in kaart te brengen. En die medewerker zou dan ook de afdeling in de stuurgroep van het project vertegenwoordigen. Bob kent zelfs al iemand op de afdeling die dat zou kunnen en willen doen. Maar Erik heeft de hakken in het zand gezet en weigert pertinent mensen of budget voor het project vrij te maken. Dus als Bob nu een deel van Eriks budget zou krijgen…

Als Bob klaar is, vraagt Ferdinand hem nog eens te kijken naar wat hij heeft opgeschreven. Waar zit nu precies de hindernis? Bij Erik, bij Bob of bij de omgeving? Bob ziet opeens dat hij zelf een deel van het probleem is: hij is immers niet met Erik in gesprek gegaan, maar is in plaats daarvan zelfs bezig om om hem heen te werken. Daarmee heeft Bob Erik alle reden gegeven om hem en zijn project te wantrouwen. Het conflict gaat dan niet meer over inhoud, maar over macht. Als Bob zich nu inspant om in gesprek te gaan en de discussie met Erik op de inhoud te voeren, kan hij diens vertrouwen herwinnen.

De assistent van Ferdinand komt binnen: de sollicitant is inmiddels gearriveerd. Ferdinand vraagt Bob om hem dan later verslag te doen van zijn gesprek met Erik. Bob bedankt Ferdinand en gaat op zoek naar Erik.

De moraal van het verhaal: als er haast bij is, kies dan voor vijf-minutencoaching. Dat gaat als volgt:

1. Vraag wat precies het probleem is.
2. Vraag om een beschrijving van het gewenste eindresultaat.
3. Maak een lijst van alle hindernissen tussen 1 en 2.
4. Verdeel ze in drie groepen, te weten hindernissen in de medewerker zelf (bijvoorbeeld houding), hindernissen in anderen (bijvoorbeeld een gestreste manager) en hindernissen in de situatie (bijvoorbeeld een verandering in de planning).
5. Brainstorm over ideeën om de hindernissen te overwinnen, vertaal ze in concrete maatregelen en hang er een tijdsplanning aan. Kom er later, als er meer tijd is, op terug.

Noten

1. Winsemius, P. (2004). *Je gaat het pas zien als je het doorhebt*. Over Cruijff en leiderschap. Amsterdam: Balans.
2. Somers, M. (2006). *Coaching at Work. Powering Your Team with Awareness, Responsibility and Trust*. San Francisco: Jossey-Bass.
3. Dembkowski, S. & Eldridge, F. (2003). *Beyond GROW: A new coaching model*. The International Journal of Mentoring and Coaching, 1(1).
4. Libri, V. (2004). *Beyond GROW: In search of acronyms and coaching models*. The International Journal of Mentoring and Coaching, 2(1).
5. Whitmore, J. (2003). *Succesvol coachen*. Soest: Uitgeverij Nelissen.
6. Brounstein, M. (2006). *Coachen voor Dummies*. Amsterdam: Pearson Education.
7. Smid, N. & Woude, M. (2002). *Coachen op gedrag en resultaat. Praktijkgids voor het ontwikkelen van resultaatgericht gedrag*. Utrecht: PiCompany
8. Landsberg, M. (1998). *De Tao van het coachen. Werk efficiënter door de mensen om u heen te inspireren en te vormen*. Den Haag: Academic Service.

Wat en hoe: doelen stellen en coachingsstijl bepalen

6

'Je moet schieten, anders kun je niet scoren', zei Johan Cruijff al eens.[1] Maar dan moet je wel weten welke kant je op moet spelen en waar het doel is. Het stellen en formuleren van doelen is dan ook een cruciale vaardigheid voor coaches. De coach moet ook bepalen welke weg er moet worden gekozen om het doel te bereiken. De juiste coachingsstijl is afhankelijk van de deskundigheid en de motivatie van de medewerker.

In dit hoofdstuk komen aan bod:

⇒ Formuleren van het doel.

⇒ Werken met SMART-doelen.

⇒ Een SMART geformuleerd functioneringsplan.

⇒ De juiste coachingsstijl.

Inleiding

Henry Ford heeft eens gezegd: 'Obstacles are those frightful things you see when you take your eyes off your goal.' Bij voetbal staat het doel voor iedereen duidelijk zichtbaar en herkenbaar als twee palen met een net op het veld. En het elftal is ook maar op één ding gericht: doelpunten scoren.

Lang niet iedereen heeft zijn of haar doelen zo helder voor ogen als dat. Het stellen van doelen staat dan ook centraal in het coachingstraject. Aan de coach de schone taak om hen te helpen bij het formuleren daarvan. Waarom zou een medewerker een nieuwe weg inslaan als niet van te voren duidelijk is wat er precies ligt aan het eind daarvan?

Formuleren van het doel

Om met succes met doelen te kunnen werken moeten ze wel op de juiste wijze geformuleerd worden. We onderscheiden drie soorten doelen, naar de mate hoe algemeen of nauwkeurig ze zijn geformuleerd. In volgorde van specifiekheid zijn dat:

- ER-doelen.
- MAGIE-doelen.
- SMART-doelen.

ER-doelen

Een ER-doel is waar we in eerste instantie aan denken bij doelen. 'ER' staat eigenlijk voor '-er': bet-er, slimm-er, transparant-er, aantrekkelijk-er, et cetera. Maar bij nadere beschouwing zijn het heel algemene doelen. Natuurlijk vindt iedereen 'efficiënter samenwerken' een nobel doel, maar hoe weten we nu wanneer het doel bereikt is? Kortom, naar ER-doelen kun je wel streven, maar je zult ze nooit halen. Om iemand te enthousiasmeren is dat mooi; om vervolgens gemotiveerd te blijven, is een concreter geformuleerd doel nodig.

MAGIE-doelen

Het MAGIE-doel is al nauwkeuriger geformuleerd. Een dergelijk doel voldoet aan de volgende criteria:

- Meetbaar (op een vooraf bepaald moment is vast te stellen of het doel is behaald).
- Acceptabel (er is draagvlak voor het doel bij de betrokkenen).
- Gecommuniceerd (het is de betrokkenen duidelijk wat het doel inhoudt en wat er van hen verwacht wordt).

- Inspirerend (de betrokkenen begrijpen waarom het doel zinvol is).
- Engagerend (de betrokkenen zijn bereid zich aan het doel te committeren).

Wat opvalt is dat het voor de laatste twee MAGIE-eigenschappen moeilijk te bepalen is of het doel er aan voldoet. Vooral voor de coach is het lastig dat ze moeilijk objectief vast stellen zijn.

SMART-doelen

Een SMART-doel biedt veel objectiever te hanteren criteria. Twee daarvan worden overigens ook in het MAGIE-model gebruikt. SMART staat voor:

- Specifiek (het doel is duidelijk gedefinieerd).
- Meetbaar (op een vooraf bepaald moment is vast te stellen of het doel is behaald).
- Acceptabel (er is draagvlak voor het doel bij de betrokkenen).
- Realistisch (het is duidelijk welke middelen nodig zijn om het doel te halen).
- Tijdgebonden (er zijn deadlines gesteld).

In de volgende paragraaf bespreken we hoe u als coach de medewerker kunt helpen zijn of haar doelen SMART te formuleren. Daarbij is het belangrijk dat u ook afstemt met andere betrokken in de organisatie, zoals een afdelingsmanager. Het kan zijn dat hij een rol speelt bij de bepaling of een doel acceptabel of realistisch is.

Werken met SMART-doelen

Hierna nemen we het proces van het SMART formuleren van doelen stapsgewijs door. Het is nadrukkelijk niet de bedoeling dat u het formuleringsproces in deze volgorde doorloopt. De verschillende SMART-criteria hangen immers met elkaar samen. Als een doel weinig specifiek is geformuleerd, is het wellicht niet acceptabel. En als het niet meetbaar is, kan het moeilijk tijdsgebonden gemaakt worden.

Specifiek

Het doel moet in één zin kunnen worden omschreven en duidelijk zijn voor de coach en medewerker. Dat vraagt dus om helder taalgebruik. Het doel 'het opzetten van een kennisbank' is niet erg specifiek. 'De doorlooptijd van de incassoprocedure terugbrengen van vier naar drie maanden' is dat wel. Daarnaast moet het doel ook helder zijn voor anderen die mogelijk een rol in het coachingstraject hebben. Breng hen dus in kaart.

Meetbaar

Het doel moet uit te drukken zijn in kwantificeerbare resultaten. Denk daarbij aan omzetcijfers, kostenbesparingen of klanttevredenheid. Zorg ervoor dat u van tevoren helder hebt op welke manier u die resultaten zult meten. Zo zal ook duidelijk worden of u afhankelijk bent van anderen voor het aanleveren van informatie. Metingen kunnen de vorm hebben van managementrapporttages, voortgangsrapporten, evaluatieformulieren, et cetera. De verleiding kan groot zijn om ook van 'zachtere' informatie gebruik te maken, zoals gesprekken met collega's, klanten en andere betrokkenen of eigen observaties op de werkvloer. Als u het SMART wilt houden: doe het niet. Beperk u in het coachingstraject tot het gebruik van kwantitatieve gegevens voor het formuleren en evalueren van resultaten.

Acceptabel (Actiegericht)

Of een doel acceptabel is, hangt er eigenlijk af van of het specifiek, meetbaar, realistisch en tijdgebonden is. Dat klinkt misschien wat makkelijk, maar het herinnert ons eraan dat de verschillende SMART-eigenschappen samenhangen. Soms wordt de A uitgelegd als 'actiegericht'. Wij vinden dat een wat beperkte uitleg, maar een acceptabel geformuleerd doel maakt natuurlijk wel duidelijk wat er gaat gebeuren. Welke acties worden er ondernomen? Gebruik daarom in de formulering van het doel werkwoorden als 'ontwikkelen', 'realiseren', 'beheersen', et cetera. Ook moet duidelijk zijn hoe welke actie bijdraagt aan het resultaat. Vaak wordt het opdoen van specifieke kennis en het leren van bepaalde vaardigheden opgenomen in de afspraken, zonder dat er een direct aanwijsbaar verband is met het doel. Let daarop.

Realistisch

Een realistisch geformuleerd doel geeft aan welke middelen ermee gemoeid zijn. Voorbeelden zijn opleidingsbudgetten, medewerking van betrokkenen, metingen, kosten voor software, et cetera. Als het goed is, vloeit dit bijna automatisch voort uit het doel. Let er wel op niet te overvragen, zodat de acceptatie van het doel niet onder druk komt te staan.

Tijdgebonden

Als het doel meetbaar is, kan er ook een datum aangewezen worden waarop het bereikt is. Afhankelijk van het tijdsbestek kunnen er natuurlijk tussentijdse deadlines gesteld worden, zolang daarvan maar duidelijk is wat het verwachte (deel)resultaat op die datum is.

Een SMART geformuleerd functioneringsplan

Nu we weten wat de SMART-criteria inhouden, kunnen we toetsen of een coachingsdoel eraan voldoet. Het is goed om daarbij te onthouden dat de SMART-criteria niets zeggen over hoe het doel op papier komt te staan. Het is niet de bedoeling dat de coach en medewerker uiteindelijk een lijstje opstellen met kopjes als 'Specifiek', 'Meetbaar', et cetera. We illustreren het werken met SMART-doelen daarom aan de hand van een twee voorbeelden van functioneringsplannen.

Voorbeeld 1

Als eerste voorbeeld nemen we een beleidsafdeling van een ministerie.

Doel
- Per 15 juli 2008 is er een kennisbank operationeel over de ontwikkelingen op het gebied van discriminatie op de arbeidsmarkt.

Actieplannen
- Inventariseer wie op de afdeling over de juiste capaciteiten beschikt en vrijgemaakt kan worden om de kennisbank op te zetten. Wijs deze persoon voor 15 januari 2008 aan. Koppel hem of haar aan iemand van de ICT-afdeling.
- Stel samen met hen voor 1 maart 2008 een technisch plan van eisen op en laat de medewerker alvast beginnen met het inzamelen van data.
- Spreek af dat de ICT-afdeling per 1 mei 2008 een functionerend softwaresysteem oplevert.
- Zorg dat de medewerker 1 juni 2008 de kennisbank ingevuld heeft.
- Laat de medewerker de kennisbank aan de rest van de afdeling presenteren en met hen evalueren. Pas zonodig op basis van de evaluatie het softwaresysteem aan.

Metingen
- Is het technisch plan van eisen op tijd klaar? Kunnen de medewerker en de ICT'er er beiden mee uit de voeten?
- Kan de presentatie op de afgesproken datum gehouden worden en is de afdeling als geheel er tevreden over?

Voorbeeld 2

In ons tweede voorbeeld nemen de afdeling 'Dubieuze debiteuren' van een postorderbedrijf als uitgangspunt.

Eis
- Breng de doorlooptijd van de incassoprocedure terug van vier naar drie maanden.

Actieplannen
- Bereken de gemiddelde doorlooptijd per medewerker.
- Stel voor het einde van het eerste kwartaal (bijvoorbeeld 31 maart 2008) een overzicht op van alle stappen die in het huidige incassoprocedure doorlopen worden en hoeveel tijd elke stap gemiddeld vergt.
- Ondervraag de betrokken medewerkers naar hun persoonlijke werkwijze ten aanzien van de procedure – in welke volgorde zij de verschillende stappen doorlopen – en wat zij daarvan als de voor- en nadelen beschouwen.
- Stel voor het einde van het tweede kwartaal (bijvoorbeeld 31 juni 2008) een door het mt geaccordeerde nieuwe procedure vast.
- Voer de verbeterde procedure met ingang van het derde kwartaal (bijvoorbeeld 1 juli 2008) in, evalueer wekelijks de positieve en negatieve effecten en stel de procedure waar nodig bij.
- Stel met ingang van het vierde kwartaal (bijvoorbeeld 1 oktober 2008) de definitieve, door het mt geaccordeerde procedure vast.

Metingen
- Als startpunt is er een nul-meting over het eerste kwartaal vereist.
- Met ingang van het derde kwartaal moet er een wekelijkse outputmeting plaatsvinden.

De juiste coachingsstijl

Om het coachingsproces succesvol te laten verlopen, is er meer nodig dan het stellen van doelen. Een belangrijk aspect van succesvolle coaching is het kiezen van de juiste coachingsstijl.

Doel van coaching is doorgaans het oplossen van een probleem. Om tot die oplossing te komen, moet de betrokken medewerker wel het probleem kunnen overzien én beschikken over de competenties om dat probleem op te lossen. Als de medewerker een van die twee mist – of mogelijk zelfs beiden – moet dat eerst verholpen worden, voordat met het coachingtraject kan worden aangevangen.

Max Landsberg komt op basis van zo'n soort onderscheid tot vier coachingsstijlen. De stijl van de coach wordt afgestemd op twee eigenschappen van de medewerker: deskundigheid en motivatie.[2] Deskundigheid is afhankelijk van opleiding, intelligentie en ervaring; motivatie van prestatiedrang, beloning en inschattingvermogen. Voor het uitvoeren van een bepaalde taak of opdracht kan een medewerker dus wel of niet over benodigde kennis beschikken, en daar wel of niet gemotiveerd voor zijn. De coach moet dus kunnen putten uit vier coachingsstijlen:

- De leidinggevende stijl (voor medewerkers met weinig deskundigheid en motivatie).
- De begeleidende stijl (voor medewerkers met weinig deskundigheid en veel motivatie).
- De aansporende stijl (voor medewerkers met veel deskundigheid en weinig motivatie).
- De delegerende stijl (voor medewerkers met veel deskundigheid en motivatie).

De leidinggevende stijl

Het belangrijkste is om te werken aan de motivatie. Waar is de medewerker wel gemotiveerd voor? Geef een beeldende beschrijving van het einddoel en de prestaties die onderweg geboekt zullen worden. Zorg voor *quick wins*: (deel)resultaten die gemakkelijk te behalen zijn. Daarna kan aan de deskundigheid gewerkt worden. De medewerker groeit het snelst als hij of zij kan leren van fouten. Creëer dus een omgeving waarin fouten gemaakt mogen worden. Vergeet ondertussen niet de opgebouwde motivatie te bewaken: biedt feedback en geef complimenten. Maar de coach blijft altijd de touwtjes in handen houden.

De begeleidende stijl

Net als bij de leidinggevende stijl is het zaak ruimte te bieden voor het maken van fouten en het bespreken daarvan. Een gemotiveerde maar weinig deskundige medewerker heeft in het begin veel tijd nodig. Beantwoord vragen en denk mee. Als de medewerker zich in de goede richting ontwikkelt, kan de coach de teugels wat laten vieren.

De aansporende stijl

De coach heeft de deskundige maar weinig gemotiveerde medewerker minder te bieden. De medewerker kan immers heel goed zelf bedenken hoe het coachingsdoel bereikt kan worden. Er zit niet anders op dan proberen te achterhalen waar het tekort aan motivatie op gebaseerd is. Vaak is dat omdat een medewerker niet van het nut van het doel overtuigd is. Laat de medewerker zien hoe bepaalde resultaten die niet direct gerelateerd aan zijn of haar werkgebied toch een positieve invloed op hun functioneren kan zijn. Houd de medewerker goed in de gaten.

De delegerende stijl

Als een medewerker zowel deskundig als gemotiveerd is, betekent dat niet dat de coach niets te doen heeft. Moedig de medewerker aan zelf verantwoordelijkheid te nemen. Betrek haar bij de besluitvorming: wat vindt zij ervan? Bied de medewerker de ruimte om zelf te bepalen hoe het coachingsdoel bereikt moet worden.

Een alternatieve indeling

In het boek *De Coach Approach* maken Bart van Baarsen en Gerri Blekkink op een vergelijkbare manier onderscheid tussen vier verschillende coachingsstijlen. Zij doen dat op basis van de mate waarin de coach de medewerker stuurt en ondersteunt:

- Sturend en ondersteunend.
- Niet-sturend en ondersteunend.
- Sturend en provocerend.
- Niet-sturend en provocerend.[3]

De coach kan kiezen voor een ondersteunende, warme en begripvolle benadering. Counselors hebben vaak een niet-sturende, ondersteunende stijl van begeleiden. Maar hij kan ook kiezen voor een confronterende benadering waarin hij de medewerker hard aanpakt. Provocatieve coaches hanteren vaak een sturende, niet-ondersteunende stijl.

Soms leidt een harde aanpak tot de beste resultaten, in andere gevallen lijkt de ondersteunende stijl geschikter. Onderzoek suggereert overigens dat de chemie tussen coach en degene die gecoacht wordt belangrijker is dan de stijl van de coach. De confronterende en provocatieve coachingsstijl wordt in hoofdstuk 9 besproken.

Noten

[1] Winsemius, P. (2004). *Je gaat het pas zien als je het doorhebt. Over Cruijff en leiderschap*. Amsterdam: Balans.
[2] Landsberg, M. (1998). *De Tao van het coachen. Werk efficiënter door de mensen om u heen te inspireren en te vormen*. Den Haag: Academic Service.
[3] Baarsen, B. van & Bekkink, G. (2006). Vormen en bereik, stijlen en aanpak van 1-op-1-coaching. In Stammes, N. et al. (red.). *De Coach Approach. Organisaties veranderen door een coachende benadering*. Deventer: CoachingNet.

De instrumenten van de coach

De herder heeft zijn staf, de hondentrainer zijn fluitje. Bij coachen gaat het juist niet om commando's en bevelen, maar moeten mensen uit zichzelf in beweging leren komen. Gelukkig is de gereedschapskist van de coach rijkelijk gevuld met allerlei technieken om de medewerker daarbij te helpen.

In dit hoofdstuk komen aan bod:

- Vragen stellen.
- Actief luisteren.
- Feedback geven.
- Ik-boodschappen.
- Interventies doen.
- Weerstand overwinnen.

Inleiding

We hebben tot nu toe gekeken naar de methodiek van het coachen, de structuur van het coachingstraject, het stellen van doelen en het kiezen van de juiste coachingsstijl. Dan is het nu tijd om de gereedschapskist te openen en te gaan kijken naar de instrumenten van de coach.

De belangrijkste instrumenten van de coach zijn:

- Vragen stellen.
- Actief luisteren.
- Feedback geven.

Vragen stellen

Zoals we eerder zagen, is het stellen van vragen een stuk effectiever dan zeggen hoe het moet, commanderen, of instrueren. Coachen moet prikkelen tot actief en gericht denken, concentreren en waarnemen. Het stellen van vragen brengt dat proces op gang. Bovendien kunt u als coach doorgronden of de medewerker het hele probleem overziet en krijgt u inzicht in wat de medewerker gaat doen. Maar dan moeten die vragen wel op een bepaalde manier geformuleerd zijn.

De vraagstelling moet gericht zijn op concrete en precieze antwoorden. Vraag daarom door op niet-gespecificeerde woorden of zinsdelen als 'er', 'het', 'men', 'situatie', 'raar gevoel', 'wel eens', 'enzovoort'. (Zo benadrukken Beek en Tijmes in hun boek *Leren coachen*[7]).

Stel vragen als 'Wat bedoel je met …', of pas het journalistieke principe van de W-woorden toe: wie, wat, waar en wanneer. De vijfde W ('waarom') is minder geschikt, omdat die de te coachen medewerker tot verklaringen kan verleiden of kritiek impliceert.

Vraag ook door bij generalisaties als 'altijd', 'nooit', 'niemand', 'ze'. En vraag naar weggelaten woorden of zinsdelen, zoals: 'Ik moet wel.' Van wie dan? Doorvragen is ook noodzakelijk bij een zin als: 'Hij denkt dat ik …' Hoe weet de medewerker dat?

Een oude journalistentruc kan ook voor coachingsgesprekken zeer effectief zijn: de verzwegen vraag. Na een antwoord van de medewerker, blijft de coach verwachtingsvol zwijgen. De meeste mensen zijn bang voor het stilvallen van het gesprek en zullen weer gaan praten om het hiaat te vullen. Vaak hoort u dan die nadere toelichting waarnaar u op zoek was.

Algemene criteria voor goede vragen

Alle literatuur over coaching bevat richtlijnen voor het stellen van goede vragen. We vatten hieronder samen aan welke criteria een goede vraag moet voldoen:

- Kort.
- Duidelijk.
- Gericht.
- Relevant.
- Constructief.
- Neutraal.
- Open.

Twee van deze criteria – constructief en neutraal – behoeven naar onze mening nog wat nadere toelichting. Met de ene vraag kunt u namelijk een heel ander effect sorteren dan met de andere.

Constructief wil zeggen dat u zich positief opstelt bij het stellen van een vraag. U hoort eerst een voorbeeld van een vraag met een negatieve lading en daarna een met een positieve lading. De *negatieve vraag* 'Hoe kunnen we ervoor zorgen dat mensen niet voortdurend vergaderingen overslaan?' heeft als impliciete betekenis: 'Hoe kunnen we mensen straffen die niet naar vergaderingen komen?' De *positieve vraag* 'Hoe kunnen we ervoor zorgen dat mensen vergaderingen bijwonen?' heeft als impliciete betekenis: 'Hoe kunnen we vergaderingen zo aantrekkelijk maken, dat mensen ernaartoe komen?' Alleen de positieve vraag kan tot werkelijke verbeteringen leiden.

Een goede vraag is niet alleen *constructief,* maar ook *neutraal*. Hieronder ziet u een vraag waarop alleen met ja geantwoord kan worden, een vraag die 'nee' impliceert en een neutrale vraag. De *ja-vraag* ('Denkt u dat we de kwaliteit kunnen verbeteren door een freelancer in te huren?') leidt natuurlijk tot het antwoord 'ja'. Iedereen wil natuurlijk de kwaliteit verbeteren.

De *nee-vraag* ('Denkt u dat we een extra stap aan het redactieproces moeten toevoegen door een freelancer in te huren?') impliceert het antwoord 'nee'. Mensen schrikken terug voor de 'extra stap'. De *neutrale vraag* 'Denkt u dat we een freelancer moeten inhuren?' leidt tot een neutraal en objectief antwoord: ja of nee.

Acht soorten vragen

Ton Rijkers bespreekt in zijn boek *De kunst van het coachen* acht soorten vragen die de coach kan gebruiken.[1] We geven hieronder van elk een voorbeeld en noemen de voor- en nadelen die zij u als coach bieden.

- *De gesloten vraag*: 'Verwacht je de volgende deadline te halen?' Een gesloten vraag kan alleen met ja of nee worden beantwoord. Het voordeel is dat u het zo

67

lekker kort kunt houden. De coach raffelt zo een hele lijst af. Het nadeel is dat er van een gesprek eigenlijk geen sprake is.
- *De feitelijke vraag*: 'Uit hoeveel mensen bestaat de afdeling nu?' Een feitelijke vraag is voor iedereen duidelijk en laat zich gemakkelijk beantwoorden. Dat is een voordeel. Maar het biedt een medewerker geen aanknopingspunten voor een verder gesprek. Een echte dialoog blijft dan ook uit.
- *De keuzevraag*: 'Vind je dat goed of slecht?' Een keuzevraag combineert de voordelen van de gesloten en de feitelijke vraag: zowel kort als duidelijk. Maar naast dat er weinig stimulerends van uitgaat, is het nadeel dat een medewerker gestuurd wordt om een antwoord te geven dat niet helemaal recht doet aan wat hij of zij nu echt vindt.
- *De suggestieve vraag*: 'Maar je kunt toch niet ontkennen dat…' Een suggestieve vraag is geschikt om een medewerker te manipuleren. Wellicht ziet niet iedereen manipulatie als een voordeel, maar het kan nuttig zijn om een doorbraak te forceren. Een onbetwist nadeel is dat het verzet kan opwekken bij de medewerker.

Deze eerste vier soorten vragen kunnen een bepaald doel dienen, zoals het verzamelen van feiten. Voor coachingssessies zijn ze uiteindelijke onvoldoende uitnodigend. De onderstaande vier soorten vragen zijn dat wel. Het zijn instrumenten waar de coach niet buiten kan.

- *De open vraag*: 'Hoe loopt de samenwerking met de afdeling Marketing?' Een open vraag stimuleert een medewerker om na te denken over iets waar hij of zij tot dan toe misschien nog niet veel aandacht aan had besteed. Dat kan een schat aan informatie opleveren. Het nadeel is dat de informatie niet altijd even makkelijk te duiden is. Bovendien is er een risico dat het coachingsgesprek te veel afdwaalt van het eigenlijke onderwerp.
- *De reflecterende vraag*: 'Je vraagt je af of de planning wel realistisch is? Een reflectieve vraag kan stimulerend of juist confronterend werken. Dat is in veel gevallen een voordeel. Maar als de vraag precies de vinger op de zere plek legt, kan het ook tegen de coach werken: de medewerker voelt zich betrapt en is de rest van het gesprek op zijn of haar hoede.
- *De retorische vraag*: 'Is dat niet waar we het in dit bedrijf allemaal voor doen?' Een retorische vraag heeft als voordeel dat het een medewerker kan inspireren en motiveren. Maar het levert geen informatie op. Verder moet een coach de medewerker wel goed aanvoelen om dit type vraag effectief te hanteren. Anders is het niet ondenkbaar dat het gesprek doodslaat.
- *De doorvraag*: 'Kun je me een voorbeeld geven van wat je daarmee bedoelt?' Een doorvraag stimuleert, verduidelijkt en concretiseert. Dat is een belangrijk voordeel. Maar net als bij de open vraag is er een risico op afdwalen. Bovendien is er een kans dat een medewerker dingen verzint of verdraait om maar een antwoord te geven.

John Whitmore benoemt in zijn boek *Succesvol coachen* de volgende coachingsvragen als zijn favoriete:

- 'En verder?'
- 'Wat zouden daarvan de gevolgen zijn, voor jezelf en anderen?'
- 'Wat is het meest confronterend voor jou?'
- 'Wat zou je een vriend in jouw situatie aanraden?'
- 'Wat zou je ermee opschieten of verliezen als je dit zou zeggen?'
- 'Ik weet niet hoe dit verder moet. Wat zou jij doen?'[2]

Actief luisteren

We zijn toegekomen aan het tweede instrument, namelijk actief luisteren. Een goede coach moet niet alleen de goede vragen stellen, maar ook goed kunnen luisteren. Dat is minder vanzelfsprekend dan het lijkt. Marshall Cook zegt er het volgende over:

'Op school besteden we veel tijd aan leren communiceren. We leren opstellen maken, verslagen schrijven en spreekbeurten houden. We leren hoe we ons in woord en geschrift moeten uitdrukken. Maar wat we niet leren, is luisteren. Terwijl dit een cruciale vaardigheid is voor managers, vooral managers die managen door te coachen.'[3]

Goed luisteren is *actief* luisteren: de coach geeft zijn onverdeelde aandacht aan de medewerker en laat dat door allerlei signalen duidelijk blijken. Bijvoorbeeld door oogcontact te houden en niet in papieren te gaan zitten rommelen of tersluiks op het horloge te kijken. Een manager had de goede gewoonte om haar telefoon naar haar secretaresse door te schakelen, zodra er iemand de kamer binnen kwam.

Actief luisteren is ook duidelijk belang stellen in de medewerker en deze tijdens het verhaal aanmoedigen om door te gaan. Dat kan bijvoorbeeld door samen te vatten in een vraag. We geven een voorbeeld van een manager die moraliserend uit de hoek komt:

Medewerker: 'Ik heb het gevoel dat ik het in jouw ogen ook nooit goed kan doen.'

Manager: 'Tjonge jonge, Erik, je hoeft je echt niet zo aangevallen te voelen. Ik probeer je alleen maar te helpen.'

Een coachende manager, die blijk geeft van actief luisteren, zou geantwoord hebben: 'Kun je aangeven wat maakt dat je het gevoel hebt dat ik het altijd op jou heb gemunt?'

Tot slot geven we u een handig ezelsbruggetje: de drie H's van goed luisteren: horen, herkauwen en herhalen.

- *Horen*: Concentreer u dus volledig op de ander.
- *Herkauwen*: Denk na over wat u hoort, plaats het in een context en stel de juiste vragen.
- *Herhalen*: Geef dus in uw eigen woorden een samenvatting van datgene wat u hebt gehoord, om te kijken of u de medewerker goed begrepen hebt.

Tutoring met vragen en luisteren

Marty Brounstein brengt in zijn boek *Coachen voor Dummies* de instrumenten vragen en actief luisteren samen in één methodiek: tutoring met vragen.[4] Brounstein onderscheidt drie hulpmiddelen voor actief luisteren: herformuleren, gevoelens benoemen en peilen.

- *Herformuleren*: 'Wat je volgens mij bedoelt, is …' Bij herformuleren vat je de kern van wat iemand zegt in één zin samen. De ander krijgt zo de gelegenheid aan te geven of hij of zij zich begrepen voelt.
- *Gevoelens benoemen*: 'Ik heb de indruk dat je je daardoor nogal gekwetst voelde. Is dat zo?' Door gevoelens te benoemen maak je de impliciete emoties in iemands woorden expliciet en maak je die bespreekbaar.
- *Peilen*: 'Kun je me iets meer vertellen over hoe die aanpak volgens jou in de praktijk zou werken?' Bij peilen stel je een open vraag of vervolgvraag om de ander aan te sporen om zijn of haar ideeën nader uit te werken.

Bij 'tutoring met vragen' houdt de coach zich aan de volgende geboden:

- Formuleer het resultaat in positieve bewoordingen.
- Zorg voor structuur.
- Wees niet te snel met advies.
- Stel open vragen.
- Wees eerlijk.
- Heb geduld.
- Benoem successen.

We sluiten af met een praktijkvoorbeeld. Bob is teamleider op een afdeling van veertien medewerkers die bestellingen verwerken. Hij valt onder uw verantwoordelijkheid. De meest recent aangenomen medewerker, Jan, komt direct uit de schoolbanken en doet met grote regelmaat voorstellen om de werkprocessen te verbeteren. Zijn laatste idee is een database waarin alle klachten over bestellingen geregistreerd worden. Bob heeft hem eerder duidelijk te kennen gegeven dat hij vindt dat Jan te weinig aan zijn dagelijkse werkzaamheden toekomt en dat hij geen tijd moet besteden aan andere dingen. Vanochtend bleek tijdens het afdelingsoverleg dat Jan niet alleen de database toch gebouwd heeft, maar dat twee collega's er al naar volle tevredenheid mee werken. Het overleg liep uit op een chaotische discussie of er nu wel of niet met het zelfgebouwde klachtenregistratiesysteem gewerkt kon of moest worden. Bob en Jan verkeren op voet van oorlog met elkaar en het rommelt op de afdeling. Later die dag ontvang je Bob in je kantoor. Hoe kunt u tutoring met vragen inzetten om tot een oplossing te komen?

> *U*: Laten we eens bekijken hoe de zaken nu precies in elkaar steken. Ik wil voorkomen dat er een onwerkbare situatie ontstaat. Volgens mij is Jan een gemotiveerde en creatieve medewerker die veel potentie heeft. Het zou zonde zijn die capaciteiten niet te benutten. (*Formuleren van een positief resultaat.*)
>
> *Bob*: Ja, dat zouden we allemaal wel willen!
>
> *U*: Zoals je nu voor mij zit, Bob, straal je veel frustratie uit. Komt dat door Jan? (*Gevoelens benoemen.*)
>
> *Bob*: Dat kun je wel zeggen, ja. Hij kan heel hard werken, maar hij is het liefst bezig met bedenken hoe de afdeling gerund zou moeten worden.
>
> *U*: Jij hebt de afdeling de afgelopen jaren natuurlijk veel beter later draaien. (*Benoemen van successen.*)
>
> *Bob*: Het kan altijd beter, natuurlijk. Maar niet buiten mij om.
>
> *U*: Is wat je bedoelt niet eigenlijk dat als de jongste medewerker achter jouw rug om probeert om een nieuwe werkwijze te implementeren, dat daarmee je gezag aangetast wordt? (*Herformuleren.*)
>
> *Bob*: Daar komt het wel zo'n beetje op neer.
>
> *U*: Wat zou er gebeuren als je Jan in het openbaar op zijn plaats zou zetten? Dat je duidelijk zou maken wie er de baas is? (*Open vraag.*)
>
> *Bob*: Hij zou volhouden dat het goede ideeën zijn. Dat is ook wel zo, maar daar gaat het niet om. Het lukt me niet om dat duidelijk te maken.
>
> *U*: Waar ligt het aan, denk je, dat het je niet lukt? (*Peilen.*)
>
> *Bob*: Tja, ik denk dat Jan denkt dat ik conservatief ingesteld ben en dat ik koste wat kost elke verandering tegen wil houden.
>
> *U*: Want eigenlijk ben je best bereid om goede ideeën van Jan te implementeren op de afdeling. (*Formuleren van een positief resultaat.*) Hoe zou je het verkeerde beeld dat Jan misschien van jou heeft kunnen veranderen? (*Open vraag.*)

Bob: Ik zou eens met Jan moeten praten zonder dat er iemand anders bij is.

U: Is dat omdat je denkt dat als er anderen bij zijn de situatie escaleert en je er niet meer in slaagt om de discussie over jullie onderlinge verhouding te laten gaan? (*Herformuleren.*)

Bob: Precies.

U: En wat is het dat je in een een-op-eensitutatie tegen Jan zou willen zeggen? (*Open vraag.*)

Bob: Gewoon, dat ik vind dat hij best met goede dingen komt, maar dat hij het niet allemaal op zijn eigen houtje kan doen omdat het dan lijkt alsof ik mijn eigen afdeling niet kan runnen.

U: En wat verwacht je dan van Jan? (*Peilen.*)

Bob: Nou, dat hij met mij afspreekt dat hij zijn ideeën voortaan met mij uitwerkt en dat ik de implementatie daarvan overzie.

U: Dat lijkt mij een goed idee, *Bob*. Maak jij nog voor deze week een afspraak met hem en laat je me weten hoe het ging? (*Zorgen voor structuur.*)

Bob: Uiteraard. Ik ga morgen met hem praten en dan hoor je meteen hoe het gegaan is.

Feedback geven

We zijn nu toe aan het derde basisinstrument voor de coach: het geven van feedback. Een uiterst cruciale tool uit de gereedschapskist van de coach. Oorspronkelijk is feedback een term uit de systeemtheorie. Daar staat feedback voor terugkoppeling over de output of over het functioneren van bijvoorbeeld het productieapparaat of het softwaresysteem. Feedback is te vergelijken met de thermostaat van de centrale verwarming.

Ook bij coaching is feedback een essentieel middel om te leren en het functioneren te verbeteren. Ton Rijkers geeft de volgende definitie: 'U geeft feedback door gericht vragen te stellen en door de medewerker te informeren over de gevolgen van zijn handelingen en gedragingen. Door de medewerker een spiegel voor te houden, confronteert u hem met zijn eigen functioneren.'[1]

Er zijn verschillende soorten feedback. Een veelgebruikte indeling voor feedback is de volgende: eerst positieve, dan constructieve en als laatste negatieve feedback.

- *Positieve feedback*: Geef complimenten voor goede prestaties. Leg ook uit waarom de medewerker goed heeft gepresteerd.
- *Constructieve feedback*: Vertel de medewerker hoe hij of zij het de volgende keer beter zou kunnen doen.
- *Negatieve feedback*: Vertel alleen wat er verkeerd ging, zonder alternatief of oplossing. Laat de medewerker die zelf bedenken.

John Whitmore deelt feedback in zijn boek *Succesvol coachen* in vijf niveaus in, die oplopen in volgorde van effectiviteit. We nemen ze hierna met u door. Maar let op: de eerste vier leiden slecht tot een minimale verbetering en kunnen zelfs averechts werken. Desondanks worden ze op grote schaal toegepast in het bedrijfsleven. Alleen de vijfde hoort thuis in de hogeschool voor coaches. Hieronder bespreken we de vijf niveaus aan de hand van een medewerker die van zijn leidinggevende feedback krijgt over een presentatie die hij gehouden heeft.

- *Niveau 1*: Persoonlijke kritiek, die geen enkele hulp biedt. Dit is het geval als de leidinggevende zegt: 'Je bent hier volkomen ongeschikt voor.'
- *Niveau 2*: Een beoordeling die zich weliswaar niet direct op de persoon van de medewerker richt, maar nog steeds geen input voor verbetering biedt. Een voorbeeld zou zijn dat de leidinggevende zegt: 'Die presentatie ging werkelijk nergens over.'
- *Niveau 3*: De medewerker krijgt weliswaar enige informatie voor verbetering, maar deze bevordert niet de eigen verantwoordelijkheid. De leidinggevende zegt bijvoorbeeld: 'Je presentatie zag er gelikt uit, maar inhoudelijk had het toch weinig om het lijf.'
- *Niveau 4*: De medewerker wordt gevraagd zich te verantwoorden, maar hij kan volstaan met een nietszeggende reactie als 'prima' of 'waardeloos.' De vraag is te ruim voor een bruikbare omschrijving. Dit is het geval als een leidinggevende zegt: 'Hoe vond je zelf dat het ging?'
- *Niveau 5*: De medewerker wordt gestimuleerd een uitvoerige, niet-beoordelende reactie te geven. De leidinggevende zegt dan: 'Wat wilde je laten zien met deze presentatie? Had je het idee dat het niveau goed afgestemd was op je publiek? Was je tevreden over de vragen die na afloop gesteld werden? Is er iets wat je een volgende keer anders zou doen?'

Het laatste voorbeeld is dus de beste vorm van feedback. De medewerker hoort de manager niet passief aan, maar moet zich inspannen om antwoord op de vragen te geven. Hij moet nadenken over de antwoorden en deze goed onder worden brengen.

De feedback bevordert dus het *bewustzijn* bij de medewerker. Hij leert hoe hij zijn eigen werk kan evalueren en zelfstandig kan verbeteren. Daardoor staat hij achter zijn werk en de beoordeling daarvan. Hij voelt zich *verantwoordelijk* voor zijn handelen en het resultaat daarvan. Samen vormen bewustzijn en verantwoordelijkheid de voorwaarden voor optimaal leren. Het zijn dan ook twee kernbegrippen in coaching.

Soms kunnen eenvoudige ezelsbruggetjes handig zijn om u steun te geven bij coachingsgesprekken. We noemen er twee. De eerste: zorg altijd voor HEG. Dat bereikt u als uw feedback de volgende drie onderwerpen bevat: Handelingen, Effect en Gewenst resultaat.

- *Handelingen*: De zaken die de medewerker goed of slecht doet.
- *Effect*: Het gevolg van die handelingen.
- *Gewenst resultaat*: De manier waarop de medewerker de dingen beter kan doen.

Het tweede ezelsbruggetje komt uit de *Coachingskalender* van Marijke Lingsma en Aty Boers.[5] Zij stellen dat goede feedback moet altijd GEIN is. GEIN staat dan voor: Gedrag, Effect, Ik en Nu.

- *Gedrag*: Goede feedback gaat altijd over het gedrag en niet over de persoon.
- *Effect*: Goede feedback gaat altijd over het effect dat het op jou heeft.
- *Ik*: Goede feedback wordt altijd vanuit de ik-persoon gegeven. Het gaat om het effect dat het gedrag op de coach heeft.
- *Nu*: Goede feedback wordt altijd zo snel mogelijk gegeven, zo veel mogelijk in het nu.

Ik-boodschappen

We gaan nog even door op de I van Ik. Een goede coach spreekt altijd namens zichzelf en verschuilt zich niet achter derden. Dat noemen we een *ik-boodschap*.

Ik-boodschappen voorkomen dat mensen feedback persoonlijk opvatten en dichtklappen. Ze vertellen namelijk iets over de coach en niet over de medewerker. Omdat ze een persoonlijke mening of gevoel vertegenwoordigen, staan ze niet ter discussie en kunnen ze niet weerlegd worden. Lingsma en Boers onderscheiden in hun *Coachingskalender* twee soorten ik-boodschappen.[5]

In de eerste plaats zijn er de *positieve ik-boodschappen*, die aangeven welk gedrag van de medewerker je waardeert. Complimenten bijvoorbeeld en positieve feedback. Daarmee bouw je als coach een goede relatie en vertrouwen op.

En in de tweede plaats zijn er de *verklarende ik-boodschappen*, die aangeven welke gevoelens je hebt. Dat kunnen positieve, maar ook negatieve gevoelens zijn. Verklarende ik-boodschappen zijn een assertieve manier om meningen, ideeën en gevoelens te tonen. Daarmee schep je als coach duidelijkheid.

In zijn boek *De kunst van het coachen* geeft Ton Rijkers een mooi voorbeeld van zo'n verklarende ik-boodschap:

'Zeg niet: "Je collega's vertelden me dat *jij* nogal eigenwijs bent." Maar zeg: "Tijdens het werkoverleg merkte *ik* dat je anderen weinig ruimte geeft om hun boodschap te uiten."'[1]

Hier klinkt redelijk wat kritiek in door. Mag een coach dat wel laten blijken? Hoorden we hiervoor niet dat de benadering van de medewerkers eigenlijk nooit expliciet veroordelend mag zijn, behalve dan bij provocatief coachen? Kritiek is soms echter onvermijdelijk. Voor dat soort situaties is het goed om een gouden regel voor het geven van kritiek in uw achterhoofd te houden: prijs in het openbaar, maar geef kritiek onder vier ogen.

Marshall Cook geeft in zijn boek *Effectief Coachen* nog een aantal richtlijnen voor het voeren van slechtnieuwsgesprekken.[3] Achtereenvolgens zijn dat:

- Zorg voor een juiste omgeving. Kies bijvoorbeeld voor de eigen vertrouwde omgeving van de medewerker.
- Spreek vanuit de gezamenlijke doelstellingen. Uiteindelijk willen u als coach en uw medewerker allebei hetzelfde: een hogere winst, meer klantgerichtheid, et cetera. Leg uit dat uw kritiek daaraan wil bijdragen.
- Geef redenen. Leg uit waarom het gedrag van uw medewerker tekort schiet.
- Geef kritiek op het gedrag, niet op de persoon; de G van het eerder besproken acroniem GEIN dus.
- Neem uw deel van de verantwoordelijkheid. Hebt u die opdracht bijvoorbeeld wel goed gecommuniceerd? Begin een gesprek niet met 'Je hebt de boodschap geloof ik nog niet helemaal door', maar met 'Ik geloof dat ik het niet helemaal goed heb uitgelegd.' Dat heeft meer effect.
- Draag keuzes, alternatieven en mogelijkheden aan. Straf niet, maar probeer met uw commentaar een bijdrage te leveren aan het verbeteren van de prestaties. Maak duidelijke afspraken.

Interventies doen

Vragen, actief luisteren en feedback geven: het zijn allemaal technieken die de coach kan inzetten om de medewerker te helpen zijn doel te bereiken. Het bereiken van de gewenste doelen lukt echter meestal niet zomaar, ook al is de medewerker nog zo gemotiveerd. De medewerker moet immers vaak ingesleten gedragspatronen leren doorbreken en dat kost tijd en moeite. U beschikt als coach nog over een andere techniek die u kunt inzetten om dat proces te vergemakkelijken of te versnellen. We noemen die technieken 'interventies'. In hoofdstuk 3 kwamen diepte- en oppervlakte-interventies al even kort aan bod. Interventies grijpen direct in de ervaringssfeer van de te coachen medewerker in, met het doel om de kloof tussen huidig en gewenst gedrag te verkleinen. Rudy Vandamme geeft in zijn *Handboek ontwikkelingsgericht coachen*[6] een opsomming van de interventies die het vaakst gebruikt worden tijdens coachingstrajecten:

- Het intern model (een eigen succeservaring of desnoods een tegenvoorbeeld tegenover de negatieve voorbeelden die de medewerker zelf noemt).
- Het extern model (een voorbeeld uit de omgeving).
- Een evocatie van het gewenst functioneren (een plastische uiteenzetting van mogelijk gedrag van de persoon).
- De eigen ervaring van de coach.
- Een levendige voorstelling van een nieuwe ondersteunende zienswijze.
- Een provocatieve ontkrachting van een belemmerende overtuiging.
- Het geven van adviezen, feedback of metaforen.
- Een uitleg van visies binnen de wetenschap, filosofie en antropologie.
- De techniek van neurolinguïstisch programmeren (een hele trukendoos op zichzelf).
- Een planning voor het opbouwen van kritisch massa van gewenst gedragsvertoon.
- Een klein rollenspel.
- Een demonstratie van iets.
- Het in kaart brengen van de competentie.

Ook de socratische coach (zie hoofdstuk 8) en de provocatieve coach (zie hoofdstuk 10) maken veelvuldig gebruik van interventies tijdens gesprekken met de medewerker. Maar interventies kunnen zich ook uitstrekken buiten de grenzen van het coachingsgesprek. Ze krijgen dan het karakter van *action learning*: 'reallifeopdrachten', zoals een gesprek aangaan met een lastige klant, een slechtnieuwsgesprek voeren, of (misschien nog wel de moeilijkste opdracht van allemaal) als baas iets van jezelf laten zien tijdens het maandagochtendoverleg. Een goed voorbeeld van *action learning* vinden we in de visie op executive coaching van Cees Pronk van Hay Group (zie hoofdstuk 4).

Weerstand overwinnen

Soms wordt de coach geconfronteerd met weerstand. Maar hij zou geen goede coach zijn, als hij die weerstand niet zou weten te doorbreken. In deze paragraaf leest u hoe u weerstand kunt overwinnen.

Weerstand tegen de coach komt regelmatig voor. Het zit als het ware ingebakken in het coachingsproces zelf. Eerder in dit boek bespraken we de leercyclus van onbewust onbekwaam tot onbewust bekwaam. In de tweede fase van dit leerproces, de fase van bewust onbekwaam, realiseert de medewerker zich dat hij afscheid moet nemen van het oude, terwijl hij nog niet klaar is met het nieuwe. Dat brengt woede en ontkenning met zich mee. Die woede richt zich soms tegen de coach. Marinka van Beek en Ineke Tijmes vergelijken het in hun boek *Leren coachen* met een rouwproces.[7] Dat doorloopt zes stappen:

1 Start (er is een nieuwe situatie, een verandering, ophanden).
2 Ontkenning (de medewerker doet, al dan niet bewust, alsof zijn neus bloedt).

3 Afscheid (de nieuwe situatie is niet langer te negeren en de medewerker moet de confrontatie aan).
4 Loslaten (de medewerker accepteert dat de verandering onvermijdelijk is).
5 Verandering (de medewerker zet zich, gaandeweg met meer vertrouwen en enthousiasme, tot oefenen met nieuw gedrag).
6 Integratie (de nieuwe situatie is volledig geaccepteerd en geïntegreerd).

Een andere reden voor weerstand is de coachingssituatie zelf. De medewerker ervaart het coachingsgesprek veel minder positief dan hij had verwacht. Onduidelijkheid is eveneens een grote bron van weerstand. De medewerker weet bijvoorbeeld niet wat er van hem verwacht wordt. Of hij is bang dat hij niet aan de eisen kan voldoen.

Soms ook denkt de medewerker dat hij het beter weet dan de coach. Of hij ziet de zin niet in van wat de coach wil. Denk aan Robbie de Wit die niets begreep van het positiespel van Johan Cruijff. En tja, soms roept ook de manier waarop de coach met de medewerker omgaat weerstand op. De medewerker voelt zich niet serieus genomen, onrechtvaardig behandeld of overruled, met als gevolg dat hij zich verzet.

Hoe moet je nu als coach die weerstand doorbreken? In elk geval niet door de weerstand te ontkennen of te bagatelliseren. Van Beek en Tijmes zeggen er het volgende over:

'De eerste neiging van de coach is om argumenten aan te dragen waarom hij juist *wel* goed bezig is. De weerstand wordt daarmee als niet relevant terzijde geschoven. Gecoachten voelen zich dan niet serieus genomen, waardoor de weerstand tegen de coach verder zal toenemen. Ga dus als coach niet in de verdediging.'[7]

In plaats van de verdediging kan de coach het best mee bewegen met de weerstand. Hij accepteert de weerstand en heeft er zelfs begrip voor. Helemaal onder in de gereedschapskist van de coach zitten een paar *tools* om weerstand te doorbreken. We nemen de instrumenten een voor een met u door en geven een voorbeeld.

- *Benoemen*: 'Je straalt uit dat je er weinig vertrouwen in hebt.'
- *Erkennen*: 'Ik begrijp dat dit een heel ingrijpende verandering voor je is.'
- *Bevragen*: 'Maar waarom denk je dat die rol jou niet zou liggen?'
- *Serieus nemen*: 'Het moet ook niet makkelijk zijn in jouw situatie. Ik heb zelf nog nooit zoiets meegemaakt.'
- *Vermijden*: 'Dat is een belangrijk punt dat je daar maakt, maar er is nu te weinig tijd om daar goed op in te gaan. Ik wil hier de volgende keer uitgebreid op ingaan.'

En als niets meer helpt, neem dan uw toevlucht tot 'verbale judo': als coach beweegt u zo sterk mee dat de medewerker aan zijn eigen weerstand ten onder gaat. Dat gaat als volgt in zijn werk: u bevestigt de medewerker in zijn opvattingen, doet er vervolgens zelf nog een schepje bovenop en ontraadt ten slotte de eerder voorgestelde oplossing. De medewerker kan nu niet anders dan zelf met een oplossing komen. Soms komt de medewerker zelfs al in verzet bij het overdrijven. Dat is een belangrijke truc bij provocatief coachen, dat we in hoofdstuk 10 behandelen. Maar het is ook hetzelfde trucje dat Wim Sonneveld gebruikte in zijn conference over aanstaande schoonzonen die allemaal moesten 'mee-eten': 'Ik prees hem regelrecht het graf in.'

We sluiten dit hoofdstuk af met een anekdote over Thomas Watson, de grondlegger van IBM. Een jonge manager had een forse inschattingsfout gemaakt met een verlies van zeshonderdduizend dollar tot gevolg, in die tijd een enorme som. Iedereen in het bedrijf, inclusief de manager zelf, verwachtte dat hij op het matje geroepen zou worden, de wind van voren zou krijgen en vervolgens op staande voet ontslagen zou worden. Tot ieders verbazing was Watson echter geenszins van plan hem te ontslaan. Zijn redenering was simpel: 'Ik heb net zeshonderdduizend dollar in zijn opleiding gestoken. Het zou toch wel heel erg zonde zijn als hij met zijn ervaring bij een concurrent aan de slag ging.'

Wat valt op aan deze anekdote? Allereerst dat Watson de manager niet met het nodige verbale geweld vertelde wat hij van hem vond. Terwijl een donderspeech hier toch alleszins gerechtvaardigd lijkt. In plaats daarvan vraagt Watson aan de manager wat hij er zélf van vond. Ten tweede valt op dat Watson de waarde besefte van ervaringsleren en een meester was in constructieve feedback. Daarmee was hij niet alleen een van de meeste succesvolle salesmanagers ooit, maar toonde hij zich ook een echte coach. En dat in een tijd dat het begrip coaching nog moest worden uitgevonden.

Noten

1 Rijkers, T. (2000). *De kunst van het coachen. Voorwaarden, vaardigheden, gesprekken*. Soest: Nelissen.
2 Whitmore, J. (2003). *Succesvol coachen*. Soest: Uitgeverij Nelissen.
3 Cook, M. (2004). *Effectief coachen*. Den Haag: Academic Service.
4 Brounstein, M. (2006). *Coachen voor Dummies*. Amsterdam: Pearson Education.
5 Lingsma, M. & Boers, A. (2005) *Coachingskalender 2006*. Soest: Nelissen.
6 Vandamme, R. (2003). *Handboek ontwikkelingsgericht coachen. Een hefboom voor zelfsturing*. Soest: Nelissen.
7 Beek, M. van & Tijmes, I. (2005). *Leren coachen. Basisboek theorie en methode*. Soest: Nelissen.

Socratisch coachen

Socrates was een meester in het stellen van lastige vragen en het hanteren van een messcherpe dialectiek. Ook in de 21ste eeuw kunnen coaches hun voordeel doen met deze technieken. De socratische vraag dient als een soort breekijzer voor de irrationele kerngedachten die zich hebben vastgezet in het hoofd van de medewerker. Door de uitdagende vraagstelling wordt hij als het ware in een hoek gedrukt. Maar de socratische coach haalt hem daar vervolgens ook weer uit, door bijvoorbeeld de wondervraag te stellen.

In dit hoofdstuk komen aan bod:

→ Irrationele gedachten doorbreken.

→ Kerngedachten loswrikken.

→ De wondervraag.

Inleiding

In het begin van dit boek introduceerden we Socrates als meestervragensteller. Deze Griekse filosoof (468-399 v. Chr.) leefde in het oude Athene. Zijn bijnaam luidde de 'horzel van Athene' en dat zal alles te maken hebben gehad met zijn vermogen om voorgewende deskundigheid en met de mond beleden integriteit te ontmaskeren. Kennishiaten en inconsequenties in de overtuigingen van zijn gehoor bracht hij genadeloos aan het licht. Al in zijn eigen tijd werd Socrates controversieel gevonden en verguisd. De stadstaat Athene veroordeelde hem uiteindelijk ter dood, omdat hij de jeugd naar hun smaak te kritisch leerde denken.

Vooral de retoriek van de 'sofisten', de rondreizende overbrengers van kennis, prikte hij moeiteloos door. Zijn lastige vragen en zijn messcherpe dialectiek vormden daarbij een even simpel als dodelijk wapen. Socrates was ook niet vies van suggestieve vragen. Veraert-Maas laat dat zien door een dialoog, opgetekend voor zijn volgeling Xenophon, te citeren:

'Toen iemand vertelde dat hij uitgeput was geraakt door een lange tocht, vroeg Socrates hem of hij ook bagage moest dragen. "Natuurlijk niet", zei de man, "alleen maar een mantel."

"Maakte je de reis alleen, of ging er iemand met je mee?"

"Er ging iemand mee."

"Was die zonder bagage, of had hij iets te dragen?"

"Nee, die droeg natuurlijk de dekens en de verdere bagage."

"En hoe was hem met hem op het einde van die tocht."

"Beter dan met mij, denk ik."

"Hoe kan dat nu? Als jij zijn bagage had moeten dragen, hoe zou je er dan volgens jou aan toe geweest zijn?"

"Slecht, dat zweer ik je. Sterker nog: ik zou de tocht zelfs niet hebben kunnen afmaken."

"Vind je dan dat het wel bij een fysiek getrainde man past zoveel minder bestand te zijn tegen inspanning dan een slaaf?"'[1]

Ook in onze tijd heeft de socratische vraag nog niets aan belang en actualiteit ingeboet. Marcel van Dam bediende zich veelvuldig van deze vraagvorm in zijn tv-programma *De achterkant van het gelijk*, waarin hij mensen bevroeg over hun normen en waarden en hun ethische dilemma's voorlegde. En ook in het coachen – de discipline waarin de vraag zo'n belangrijk instrument vormt – maakt de socratische benadering school.

'Iedere coach krijgt het antwoord dat hij verdient', luidt de eerste zin van het boek *Socratisch coachen* van Hilde Veraert-Maas dan ook.[1] Wie geen, of niet het goede antwoord krijgt, stelt blijkbaar niet de goede vragen, of stelt zijn vragen niet op de goede manier. Het gebeurt regelmatig dat een gesprek ondanks de juiste toepassing van alle gesprektechnieken – open vragen, doorvragen, samenvatten – blijft steken. Socratische vragen, met hun directe en confronterende karakter, kunnen dan soms wel voor een doorbraak zorgen. Socratisch coachen wordt overigens niet in plaats van de reguliere vraagtechnieken gebruikt, maar in aanvulling daarop. Maar wat verstaan we nu precies onder een socratische vraag? De definitie luidt als volgt:

'Socratische vragen zijn kritische, toetsende vragen die de cliënt helpen om te ontdekken of zijn beeld van de werkelijkheid juist en volledig is. Het zijn korte eenvoudige vragen die direct inhaken op de informatie die de cliënt geeft en die de cliënt kan beantwoorden. Die vragen hebben ten doel: (1) een goede beeldvorming mogelijk te maken en (2) het probleem in een nieuw perspectief te plaatsen, zodat (3) de cliënt zijn mening opnieuw kan beoordelen.'[1]

Mensen worstelen met verschillende vragen. Socratische vragen bewijzen vooral hun nut bij het vinden van antwoorden op vragen die gaan over zingeving ('Wat is mijn rol in deze wereld?'), identiteit ('Wie ben ik? Waar sta ik voor?') en overtuigingen ('Waar geloof ik in?'). Tijdens het coachingsgesprek zullen dit soort vragen ook afgewisseld worden met 'aardsere' vragen over iemands capaciteiten, gedrag en omgeving. De coach zal dan ook af en toe moeten schakelen van het reguliere gespreksverloop naar socratisch coachen en andersom.

Irrationele gedachten doorbreken

Een cruciale fase in coachingstrajecten is het losweken van de cliënt van vastomlijnde denkbeelden, vooroordelen en irrationele gedachten. Dat kan door hem meer perspectieven aan te bieden om zijn probleem te benaderen, hem te helpen anders te handelen in een probleemsituatie en het nieuwe gedrag te verankeren. De socratische vraag is in deze fase dus eigenlijk een soort breekijzer: de irrationele gedachten worden aan de hand van vragen getoetst op houdbaarheid of tegenstrijdigheden.

De coach kan dat doen door opvattingen, ideeën of overtuigingen in twijfel te trekken en te vragen: 'Klopt dat?' Dat zijn vragen als:

- Is dat wel zo? Hoe weet je dat zo zeker? Of denk je dat alleen maar? Is er een andere verklaring voor?
- Is dit een inschatting, een vermoeden of een feit?

- Zie je het niet te zwaar? Overdrijf je niet een beetje?
- Vul je andermans gedachten in?

De coach kan ook het nut van gedachten of gedragingen ter discussie stellen en te vragen: 'Helpt dat?' Voorbeelden van dit soort vragen zijn:

- Bereik je met deze gedachte jouw doel?
- Berokken je jezelf of anderen schade door zo te blijven denken?
- Schiet je iets op met dit soort gedachten?
- Heeft het zin om bij deze gedachte stil te staan?
- Brengt deze gedachte je dichter bij een oplossing?

De coach kan ten slotte gebruikmaken van de techniek van het 'socratisch uitdagen':

- Waarom moet het zo zijn als jij denkt? Klopt dat met de werkelijkheid?
- Waar is het bewijs dat je gedachten juist zijn? Welke feiten zijn er om ze te onderbouwen?
- Waar staat geschreven dat je gedachten waar zijn? Wie zegt dat het in werkelijkheid ook is zoals je denkt dat het is?
- Hoe kun je deze gedachten onderbouwen? Waaraan kun je ze toetsen? Hoe kun je hun geldigheid bewijzen?
- Wat levert het je op als je in deze gedachten blijft geloven? En wat voor nadeel ondervind je ervan?

Kerngedachten loswrikken

Irrationele gedachten kunnen medewerkers behoorlijk in hun functioneren belemmeren. Die irrationele gedachten – ook wel automatische gedachten genoemd – zijn te clusteren in vijf kerngedachten:

- Eisen stellen.
- Rampdenken.
- Lage frustratietolerantie.
- Veroordelen.
- Waardering zoeken.

Zoals we hierna zullen zien, vormen socratische vragen een goed middel om de kringloop van irrationele gedachten te doorbreken.

Eisen stellen

Bij deze kerngedachte zien mensen de dingen niet in termen van wensen of voorkeuren ('willen') maar in termen van eisen ('moeten'). Bijvoorbeeld: 'Ik doe heel hard mijn best om de cijfers van de vorige maand in de eerste week aan te leveren bij financiën. Maar anderen die dat ergens aan het eind van de maand doen, worden daar nooit op afgerekend. Ik snap dat niet. Waarom komen zij daarmee weg? Ze moeten gewoon doen wat er afgesproken is.' Voorbeelden van socratische vragen om dit onderuit te halen zijn:

- Waarom *moet* het?
- Is er een wet die dat verplicht stelt?
- Zou het ook anders kunnen?
- Is dat werkelijk de enige manier waarop het kan?
- Waarom is dat nu precies zo erg?
- Zou je die laatste zin ook zonder het woord 'moeten' kunnen formuleren?
- Op welke manier heb jij er zelf last van?
- Waarom is jouw aanpak de beste?

Rampdenken

Bij deze kerngedachte wordt een enkel voorval tot enorme proporties opgeblazen. Een medewerker zal bijvoorbeeld zeggen: 'Nu Bob tot teamleider is benoemd, kan ik hier niet langer blijven. Dit is mijn ergste nachtmerrie die uitkomt. Ik zal een nieuwe baan moeten zoeken.' Socratische vragen die u hier kunt gebruiken zijn bijvoorbeeld:

- Waarom is het een ramp?
- Wat bedoel je met 'afschuwelijk'?
- Is dit echt het allerergste dat had kunnen gebeuren?
- Waarom zou je hier niet overheen kunnen komen?
- Leg eens precies uit wat nu de consequenties van dit voorval zijn. Waarom zou je dat niet kunnen behappen?
- Ken je iemand die iets dergelijks heeft ervaren?
- Hoe kun je zo zeker zijn dat dit is wat er zal gaan gebeuren?
- Weet je wat pas echt een nachtmerrie zou zijn?
- Heb je werkelijk nooit iets vergelijkbaars meegemaakt?

Lage frustratietolerantie

Mensen met een lage frustratietolerantie worden weerhouden van het oplossen van een probleem omdat ze zich zelf voorhouden dat ze niet in staat zijn om bepaalde weerstand te overwinnen. Een medewerker zegt dan bijvoorbeeld: 'Ik weet heel goed dat het geen toeval is dat als Frank zich ziek meldt, het altijd op maandag is. Het gebeurt ook wel heel vaak. Maar ik heb er gewoon geen zin om hem erop aan te spreken. Ik weet zeker dat het alleen maar tot heel veel gedoe gaat leiden. En waarschijnlijk komen er dan allerlei andere issues boven, die ook weer opgelost moeten worden. Beter om het laten zoals het is, zo slecht gaat het nu niet.' U kunt hierop ingaan met vragen als:

- Waarom moet alles van een leien dakje gaan?
- Hoezo zou je hier niet mee kunnen om gaan?

- Is de huidige situatie dan zoveel beter?
- Waarom zou jij niet opgewassen zijn tegen wat gedoe?
- Wat is er mis met een beetje frictie?
- Waarom vind je dat zo moeilijk?

Waardering zoeken

Mensen die waardering zoeken, baseren hun eigenwaarde volledig op wat (ze denken dat) anderen van hen denken. Een medewerker vertelt dan bijvoorbeeld: 'Ik krijg geen hoogte van wat mijn chef van mij vindt. Hij leest mijn verbetervoorstellen en soms wordt er wel eens een van uitgevoerd, maar eigenlijk denk ik dat het meer is omdat dat hij het gevoel heeft dat het er nou eenmaal bij hoort. Eigenlijk vindt hij het maar niks, denk ik.' Om dit te doorbreken kunt u de volgende vragen stellen:

- Waar baseer je deze gedachte op?
- Waarom is het belangrijk dat mensen je waarderen?
- Kun je mij aangeven hoe je jezelf zou beoordelen?
- Hoe vind je zelf dat je het doet?
- Wat weerhoudt je ervan er gewoon naar te vragen?
- Is het erg als mensen je niet waarderen?

Veroordelen

Medewerkers die veroordelen, doen dat niet alleen met anderen maar ook bij zichzelf. Er wordt naar negatieve dingen gezocht om te kunnen aantonen dat er van alles mis is met de ander of zichzelf. Een voorbeeld: 'Ferdinand heeft besloten om alle klachtenlijnen samen te voegen in een callcenter. Echt weer zo'n MBA'er die blind in een of andere theorie gelooft.' Een ander voorbeeld: 'De presentatie die ik vorige week heb gehouden, ging totaal waardeloos. Je zag iedereen denken: "Waarom moeten we naar deze sukkel luisteren?"' Met de volgende socratische vragen kunt u tegenwicht bieden:

- Hoe weet jij zo zeker dat dat het enige is waar je baas om geeft?
- Is dat je enige eigenschap of heb je meer te bieden?
- Op welke manier hebben ze er baat bij dat op die manier aan te pakken?
- Bewijs mij eens dat je een sukkel bent. Kun je dat?
- Is dat iets wat je bent of iets wat je doet?
- Denk je dat je collega's dat bewust doen?

Voor de kerngedachte 'veroordelen' geven we hieronder nog een casus. We zullen zien hoe coach dit beeld probeert los te wrikken met specifieke socratische vragen. Ook bij de andere kerngedachten passen dergelijke vragen.

> Berend is met 59 jaar de oudste medewerker op een afdeling die bij een kleine bank de administratieve afhandeling van hypotheekaanvragen doet. In de ruim 25 jaar dat hij er werkt, heeft hij zich absoluut onmisbaar gemaakt:

voor bankfilialen in het hele land is hij het aanspreekpunt op het hoofdkantoor voor vragen over hypotheken. Hij weet alles over elke hypotheekvorm en houdt alle nieuwe ontwikkelingen op het gebied nog bij. Maar het is geen makkelijk mens in de omgang. Hij laat zich eigenlijk niet aansturen, werkt in zijn eigen tempo, kan maar zeer moeilijk samenwerken met collega's en is heel inflexibel in zijn werkwijze. Zijn directe collega's doen alleen een beroep op hem als ze ergens echt niet meer uitkomen. Omdat Berend zulk waardevol werk verricht, is deze situatie tot dusverre gedoogd op het hoofdkantoor. De afdeling waar hij werkt, heeft echter sinds kort een nieuw hoofd. Zij luidt nu de alarmbel: over een paar jaar gaat Berend met pensioen en gaat al zijn kennis verloren voor de bank. Hij moet echt nu beginnen met overdragen van zijn kennis op zijn collega's. Daarnaast speelt ook dat er op het hoofdkantoor iemand is aangenomen om een afdeling hypotheekfraude op te zetten. Deze nieuwe medewerker ondervindt meer tegen- dan medewerking van Berend. De hr-manager heeft nu een coach gevraagd om een traject met Berend in te gaan. Van dat coachingstraject laten we de cruciale fase van het uitdagen zien.

Coach: Jij zegt dus eigenlijk dat anderen niet gestructureerd te werk gaan en dat neem je ze kwalijk. Ze snappen het niet en doen maar wat, in jouw woorden. Zeg ik dat zo goed?

Berend: Ik weet niet of ik het zo hard formuleerde als jij het nu doet, maar inhoudelijk ben ik het er wel mee eens.

Coach: Oké, laten we het dan wat meer over dit idee hebben en samen kijken of het klopt. Het irriteert je dus dat je collega's niet alles weten en zelf dingen uitproberen. Waar blijkt dat uit?

Berend: Nou, heel simpel: ze komen het aan mij vragen als ze er een zootje van hebben gemaakt. Of ik wordt gebeld door een filiaal dat ze niet goed geholpen worden.

Coach: En waarom doen je collega's dat, denk je?

Berend: Weet ik veel. Ik heb er alleen maar last van.

Coach: Is dat echt zo, dat je geen idee hebt van waarom ze zo doen? Het kan voor hen toch ook niet leuk zijn hoe het dan gaat. Ze moeten toch een reden hebben?

Berend: Het kan ze blijkbaar niet zoveel schelen, denk ik. Zolang het routinewerk is, kunnen ze het op de automatische piloot doen. Maar als het net effe ingewikkelder is, prutsen ze maar wat raak en als dat niet werkt, komen ze bij mij aankloppen.

Coach: Oké, dus voor jou zou het beter werken als ze direct naar jou gaan als ze denken dat ze iets niet zelf kunnen oplossen?

Berend: Alsjeblieft niet! Dan kom ik helemaal nergens meer aan toe.

Coach: Nu hoor ik je toch twee tegenstrijdige dingen zeggen. Aan de ene kant zeg je dat je collega's je vaker en eerder om advies moeten vragen, maar aan de andere kant zeg je daar eigenlijk geen tijd voor te hebben. Klopt dat?

Berend: Nou ja, het is toch niet echt reëel dat ik in mijn eentje alle problemen oplos.

Hier zien we de 'Klopt het?'- benadering duidelijk doorschemeren in de vragen van de coach. Het lijkt effect te hebben. Berend probeert vast te houden aan zijn eigen kijk op de situatie, maar er beginnen nu langzaam wat twijfels te rijzen. Het ligt niet alleen maar aan de anderen; het zou misschien ook wel deels aan hemzelf kunnen liggen. Dit is een goed moment om zijn beeld van de situatie verder uit het lood te slaan en te laten zien dat zijn collega's niet alleen maar onkundig en ongeïnteresseerd zijn.

Coach: Er is dus, naast de samenwerking met je collega's, nog een ander probleem. Je hebt te weinig tijd om alles te doen wat er van je gevraagd wordt. Ervaar jij dat ook zo?

Berend: Ja, ik heb gewoon heel erg veel werk op mijn bordje. Dat is niet erg, maar dan moet ik wel de vrijheid hebben om dat op mijn eigen manier aan te pakken.

Coach: Maar uiteindelijk hebben je collega's daar last van. Omdat jij geen tijd hebt, gaan ze maar proberen het zelf op te lossen. Zou dat ook niet een deel van het probleem kunnen zijn?

Berend: Dat zou best kunnen, ja. Maar ik zie niet wat ik daar aan kan doen.

Coach: Heeft iemand het wel eens met je gesproken over de hoeveelheid werk die je hebt?

Berend: Nee. Of nu ik erover nadenk: Frank, die nieuwe jongen die iets met fraude gaat doen, is wel eens langsgekomen om te zeggen dat ik mogelijke fraudegevallen naar hem moet doorverwijzen.

Coach: En dat doe je nu?

Berend: Nou, vaak bellen de filialen toch naar mij. Dan willen ze gewoon een paar dingen gecheckt hebben. Ze weten nog niet echt wat ze aan Frank hebben. Mij kennen ze.

> *Coach*: Maar als jij dat blijft doen, dan kan Frank toch nooit het aanspreekpunten voor de filialen worden?
>
> *Berend*: Ja, daar heb je eigenlijk wel gelijk in.
>
> *Coach*: Zou het dan niet beter zijn als je vragen die mogelijk op fraude wijzen, doorverwijst naar Frank? Dan heb jij meer tijd voor andere dingen en kan hij ook doen waar hij voor aangenomen is.
>
> *Berend*: Dat is misschien wel beter. Maar als het niet om fraude gaat, moet Frank wel weer naar ons terugverwijzen.
>
> *Coach*: Dat lijkt mij niet meer dan redelijk. Om te zorgen dat jullie niet de hele tijd in elkaars vaarwater zitten, zouden jullie eens kunnen afspreken om elkaars werkwijze toe te lichten. Misschien kan Frank nog iets van je opsteken.
>
> *Berend*: Dat is best een goed idee. Het lijkt beter dan wat ik tot dusver heb gedaan.
>
> Berend voelt nu dat hij zelf een van de oorzaken is van deze situatie en staat op het punt verantwoordelijkheid te nemen in het oplossen ervan.

De wondervraag

Tot slot heeft Veraert-Maas een waardevolle tip voor een vraag die altijd het gewenste effect oplevert: de wondervraag. Het is de vraag naar een hypothetische ideaalsituatie, bijvoorbeeld: 'Hoe zal je leven veranderd zijn als dit probleem is opgelost?' Of: 'Hoe zou je willen dat jouw werkdag eruitzag, als jij het voor het zeggen had?' De wondervraag is bedoeld om de medewerker los te weken van zijn vastgeroeste beeldvorming. Er ontstaat ruimte om na te denken over alternatieven en over wenselijke veranderingen. Veraert-Maas formuleert het als volgt: 'Zelfs wie niet in wonderen gelooft, gaat mee in deze vraag. Ook bij de hardnekkigste cynicus bereik je hetzelfde effect.'[1]

Na de wondervraag als openingszet, stelt de coach direct de vraag naar concretisering: 'Wat zul jij dan anders doen?' We illustreren het gebruik (en het effect) van de wondervraag door nog even aan te schuiven bij de coachingssessie uit de casus.

> *Coach*: Je zei eerder dat je niet in je eentje alle problemen kunt oplossen. Maar als het mogelijk was, zou je dat eigenlijk het liefst wel doen, of niet?
>
> *Berend*: Tja, als ik eerlijk ben ... dan moet ik toegeven dat dat wel een beetje zo is.

Coach: Zou het kunnen dat je dat ook uitstraalt naar je collega's?

Berend: Misschien. Ik weet het niet.

Coach: Je zei eerder ook dat je dacht dat het ze allemaal niet zoveel kon schelen, dat het werk ze niet wezenlijk interesseert, zeg maar. Maar later bleek ook dat je niet altijd tijd voor ze hebt. Hoe kijk je daar nu tegenaan?

Berend: Hmm, ik ben wel vaak kortaf tegen ze. Bedoel je dat ik ze afschrik?

Coach: Kan je je daar iets bij voorstellen?

Berend: Ik wordt wel eens moedeloos van dat ze nooit iets zelf kunnen bedenken. Misschien laat ik dat ook wel merken.

Coach: Is dat echt zo? Dat ze niets zelf kunnen?

Berend: Nee, maar het is gewoon dat ze soms met precies dezelfde vraag komen.

Coach: Waarom zouden ze dat doen als jij kortaf bent en weinig tijd hebt?

Berend: Blijkbaar snappen ze niet dat verschillende vragen hetzelfde antwoord hebben.

Coach: Dat is dus voor iedereen een probleem. Wat zou daar aan te doen zijn?

Berend: Misschien moet ik er ook met mijn collega's een keer voor gaan zitten. Dat we het niet steeds over losse problemen hebben, maar over wat nou veel voorkomt en wat je daaraan doet. Of misschien kan ik het ook wel op papier zetten. Uiteindelijk moet dat tijd schelen.

Noten

1 Veraert-Maas, H. (2006). *Socratisch coachen*. Soest: Nelissen.

E-coaching

9

E-coaching staat voor elektronische coaching: coaching per telefoon of e-mail. In Europa is deze vorm van coaching weinig ingeburgerd, omdat persoonlijk contact in onze cultuur van groot belang wordt geacht. In de Verenigde Staten is het veel populairder dan hier, ook omdat de afstanden groter zijn. Daar wordt meer dan twee derde van alle coachingsgesprekken per telefoon gevoerd worden. In dit hoofdstuk richten we ons uitsluitend op e-coaching als coaching via e-mail. We gaan in op de voordelen van e-coaching, bespreken wanneer 't het best toegepast kan worden en over welke competenties een coach ervoor dient te beschikken.

In dit hoofdstuk komen aan bod:

⟹ De voordelen van e-coaching.

⟹ De structuur van e-coaching.

⟹ De competenties van de e-coach.

⟹ Voor welke hulpvragen is e-coaching het meest geschikt?

⟹ Tips voor de aankomende e-coach.

Inleiding

We zouden e-coaching kunnen definiëren als coaching waarbij de coach en medewerker niet in elkaars fysieke nabijheid verkeren. Zo beschouwd staan hen veel verschillende werkvormen tot hun beschikking: bellen, chatten via MSN, skypen (al dan niet met webcam) of mailen. Omdat er geen fysiek contact is en er enige tijd tussen vraag en antwoord kan verstrijken, heeft coaching via e-mail van deze vormen het meest een eigen structuur en methodiek. Deze twee kenmerken – het ontbreken van direct contact en de mogelijkheid elkaar te kunnen onderbreken – lijken veel mensen een belangrijk nadeel maar zijn juist de kracht van e-coaching.

De voordelen van e-coaching

In de eerste plaats kan van het niet in elkaars nabijheid verkeren ook een positief effect uitgaan. We noemen hier de belangrijkste voordelen:

- Verschillen in leeftijd, sekse en etniciteit spelen een veel minder grote rol.
- De coachingssessie hoeft niet langer een minimale lengte te hebben.
- De coach en medewerker hoeven geen kosten te maken om naar elkaar toe te reizen.
- De medewerker voelt zich door de anonimiteit veiliger om gevoelige onderwerpen aan te snijden.
- De coaching hoeft zich niet te schikken naar een vaste termijn.

Het eerste belangrijke voordeel van e-coaching laat zich in een woord samenvatten: flexibiliteit. De medewerker kan op elk gewenst moment, in zijn of haar eigen tempo, een vraag formuleren en voorleggen aan de coach om een directe reactie te krijgen. Dat kan dan bijvoorbeeld gaan over iets dat zich kort tevoren op het werk heeft afgespeeld. Er is geen wachttijd omdat er eerst een afspraak gemaakt moet worden. Die flexibiliteit geldt ook voor de coach, al is die natuurlijk wel verplicht om binnen een werkdag op een mail van de medewerker te reageren. Bij het dagelijks heen en weer gaan van mails krijgt het coachingstraject een heel eigen dynamiek.

Het tweede kenmerk is misschien wel revolutionairder. In plaats van voordurende gedachtewisseling tussen coach en te coachen medewerker, waarbij de een de ander op elk moment kan onderbreken om om opheldering of nadere uitwijding te vragen, stuurt een medewerker een mail met vragen, antwoorden of ideeën en wacht hij of zij op een reactie. Dat betekent dat de medewerker goed zal nadenken over wat hij of zij opschrijft en het bovendien nog eens naleest en eventueel verbetert. Zonder dat de coach iets hoeft te doen, denkt de medewerker dus al na over zijn of haar antwoord of vraag voordat dat gegeven of die gesteld wordt. Dat 'geforceerde' reflecteren op elkaars reacties is het tweede belangrijke voordeel van e-coaching.

De structuur van e-coaching

Omdat het traject zo flexibel kan worden vormgegeven – de medewerker kan bijvoorbeeld elk uur mailen of midden in de nacht – moet u er als coach voor waken daar niet te zeer in mee te gaan. Het is logisch dat een medewerker even moet experimenteren met deze vorm van coachen voordat hij of zij de juiste werkwijze heeft gevonden. U moet als coach echter de structuur bewaken. Zoals we in hoofdstuk 5 zagen, geldt dat voor elk coachingstraject.

Het maakt voor e-coaching uit of de coach iemand binnen of buiten het bedrijf is. In het eerste geval is het mogelijk dat – als de werkplekken niet te ver van elkaar liggen – het eerste (intake)gesprek fysiek plaatsvindt. Als de coach een externe is, ligt het meer voor de hand dat ook de intake via e-mail gaat. Dat kan met behulp van een korte vragenlijst. Maak deze niet te lang: de kracht van e-coaching schuilt in het beknopte. Aan de hand van deze lijst kan de e-coach in een eerste mail vragen naar de hulpvraag van de medewerker. Dat hoeft niet heel ingewikkeld te zijn. De coach kan doorgaans volstaan met iets als 'Vertel eens, wat is voor jou de aanleiding was om met coaching te beginnen?'

In de mailwisseling die volgt helpt de coach de medewerker om zijn of haar coachingsdoelen te formuleren. Als die zijn vastgesteld, wordt de huidige toestand op een goede en heldere manier beschreven. Dat dit niet in een enkele sessie gebeurt, is geen enkel bezwaar. Omdat voor de medewerker geldt dat e-coaching iets is waaraan intuïtief invulling gegeven kan worden, kunnen de doelen tijdens het traject bijgesteld worden. Voor de medewerker is die intuïtieve aanpak uitstekend geschikt, maar als coach moet u echter wel van tevoren weten wat er van u wordt verwacht en over welke competenties u dient te beschikken.

De competenties van de e-coach

Voor succesvolle e-coaching moet wel aan bepaalde voorwaarden worden voldaan. Zo is het belangrijk om aandacht te besteden aan de relatie tussen de te coachen medewerker en de e-coach. Deze mag niet vrijblijvend zijn, er moet sprake zijn van een zekere emotionele binding. Ook moet de e-coach aan bepaalde competenties voldoen. Alex Engel noemt in het boek *De Coach Approach* drie competenties.[1]

Vertrouwen in het eigen vermogen om interventies te doen

Beginnende e-coaches kunnen zich soms toch moeilijk losmaken van het idee dat ze belangrijke non-verbale informatie mislopen en zich dus geen oordeel kunnen vormen. Als gevolg durven ze geen interventies voor te stellen. Het vertrouwen in het eigen kunnen is cruciaal voor de e-coach.

Zelfvertrouwen als er niet direct een antwoord bovenkomt

In een e-coachingstraject zal er vaker een beroep op uw probleemoplossend vermogen worden gedaan dan bij 'reguliere' coaching. Als e-coach moet u de verleiding weerstaan om, onder de druk van de verwachte reactie, toch een antwoord te willen geven. Bij coaching gaat het om het helpen van de ander tot nieuwe en toepasbare inzichten en opties te komen. Het is geen eenrichtingsverkeer: de coach heeft de wijsheid niet in pacht. Engel geeft de volgende tip voor als u achter de pc vastzit:

'In de twee jaar dat ik intensief e-coaching heb gedaan bleek elke keer als ik niet direct een antwoord op een vraag had, dat het op het toetsenbord leggen van de vingers en het rustig afwachten tot deze vanzelf, als het ware "uit zich zelf", gingen bewegen, de beste antwoorden teweegbrachten.'[1]

Specifieke communicatieve vaardigheden

Gedachten op een begrijpelijke manier kunnen overzetten is natuurlijk een absolute basisvereiste. Daarnaast is het belangrijk dat een reactie niet als nieuwe mail verzonden wordt. Laat de oorspronkelijke mail altijd onder uw bericht staan: zo blijven vraag en antwoord bij elkaar.

Bart Hisschemöller werkt in zijn boek *H@llo, ik ben uw e-coach* de vaardigheid van helder schrijven nog wat verder uit.[2] Hij raadt aan de volgende dingen te vermijden:

- Dubbelzinnige zinnen en termen: 'Zie je me nog wel zitten?'
- Sarcasme en cynisme: 'Tja, daar heeft je baas dan ook vier jaar voor gestudeerd.'
- Gemeenplaatsen en dooddoeners: 'We hebben allemaal wel eens last van stress.'
- Grapjes: 'Je weet wat ze over ambtenaren zeggen…'
- Symbolisch en metaforisch taalgebruik: 'Volgens mij vind je dat die collega van jou aan een apk toe is.'
- Wollig taalgebruik: 'Ik heb toch wel de indruk dat je – maar je moet maar zeggen als het niet zo is – misschien wel een beetje op een dood spoor zit nu.'
- Oordelen (ook positieve): 'Ik heb het gevoel dat het weer helemaal goed gaat komen met jou.'

Wanneer is e-coaching het meest geschikt?

Bart Hisschemöller ziet de toepassing van e-coaching vooral in situaties waarbij er concrete problemen tussen de medewerker en zijn of haar omgeving. Als voorbeelden behandelt hij werkstress, pesten, burn-out en seksuele intimidatie.[2] Maar hij noemt ook loopbaanbegeleiding en competentieontwikkeling.

Alex Engel stelt dat een e-coachingstraject goed past bij een medewerker die zijn doelen helder voor ogen heeft, maar wel behoefte heeft om regelmatig te sparren. Of een medewerker die een stok achter de deur nodig heeft, iemand die hem aanspoort om voortdurend aan de realisering van die doelen te werken.[1] E-coaching is daarvoor uitermate geschikt, vanwege de mogelijkheid tot frequent contact. Ook wanneer de coach vooral de functie van klankbord heeft, is e-coaching een handige manier om snel te reageren naar de medewerker en deze een andere kijk op de zaak te bieden.

Wanneer is e-coaching niet geschikt? Het is niet zozeer dat er onderwerpen zijn die zich niet zouden lenen, maar het is eerder zo dat niet iedere medewerker in aanmerking komt voor e-coaching. Daar zijn veel verschillende redenen voor. De medewerker kan zich simpelweg beter uiten met rechtstreeks contact, werkt niet graag met een pc, vindt het juist prettig om het coachingsgesprek op een vast moment te hebben of heeft juist de mondelinge dialoog nodig om zijn of haar hulpvraag te formuleren. In die gevallen zal e-coaching geen goed resultaat opleveren.

Tips voor de aankomende e-coach

We sluiten af met een lijstje adviezen van Bart Hisschemöller over wat je als e-coach wel en niet moet doen. Veel daarvan gelden ook voor een direct gesprek, maar op papier kunnen dit soort dingen er veel harder in hakken:

- Vragen zijn een verkapte manier om dingen aan te geven.
- Houd rekening met de gevoelens van je cliënt.
- Val je cliënt nooit aan.
- Vraag je af hoe jij het zou vinden om op die manier benaderd te worden.
- De cliënt heeft altijd gelijk.
- Ga nooit met je cliënt in discussie.
- Pas op voor overdracht en tegenoverdracht.
- Stel je niet te zeker op, geef toe dat je niet alles weet.
- Als je gaat argumenteren, zorg dan dat je heel goede argumenten hebt.
- Stel je niet op als autoriteit.
- Hou de dynamiek van de interactiestatus in de gaten.
- Speel nooit op de persoon.
- Geef toelichting als iemand erom vraagt.
- Richt je op wat er werkelijk wordt gezegd, niet op je eigen interpretatie.
- Verzeker je van het kennisniveau van je cliënt.
- Pas op voor generalisaties.
- Vermijd karikaturen.
- Vermijd cirkelredeneringen.[2]

Noten

1. Engel, A. (2006). Vormen en bereik van E-coaching. In Stammes, N. et al. (red.). *De Coach Approach. Organisaties veranderen door een coachende benadering.* Deventer: CoachingNet.
2. Hisschemöller, B. (2006). *H@llo, ik ben uw e-coach. Immediate-coaching, een innovatieve manier van coachen.* Schiedam: Scriptum.

Provocatief coachen 10

Goede coaches zijn niet altijd begrijpend en invoelend. Soms is een confronterende stijl noodzakelijk om de coachee in beweging te krijgen. Want hoe harder je tegen een ezel duwt, hoe steviger hij zijn hakken in het zand zet. Je kunt hem dus beter aan zijn staart trekken. De provocatieve coach doet alles anders dan zijn traditionele collega's. Het grootste verschil is misschien nog wel dat er heel wat afgelachen wordt tijdens zijn sessies.

In dit hoofdstuk komen aan bod:

⟹ De Farrelly-factoren.

⟹ Provocatie van de traditionele coach.

⟹ De werkwijze van de provocatieve coach.

Inleiding

Alexander is een accountmanager die ontzettend makkelijk klanten binnenhaalt, maar die er niet in slaagt om ze te behouden. Hij belooft van alles, wat hij vervolgens niet waarmaakt. Hij wordt nu gecoacht om zijn houding op dat punt te verbeteren. De coach vraagt hem om te vertellen hoe hij tegen de situatie aankijkt. Alexander praat vooral veel over zichzelf: onder hoeveel druk hij staat, wat hij allemaal wel niet doet, hoe het voor hem is, enzovoort.

De coach probeert hem een paar keer bij te sturen. Als dat niet lukt, onderbreekt zij hem en zegt: 'Je praat veel over de problemen die je zelf ervaart, maar weinig over hoe je omgeving daar tegenaan kijkt. Het komt op mij over alsof je je maar moeilijk in anderen kunt verplaatsen.'

De coach confronteert Alexander hier op een directe manier met zijn gedrag door hem een interpretatie daarvan te geven. Maar zij had ook kunnen kiezen voor een directe confrontatie door te zeggen: 'Denk je niet dat deze sessie erbij gebaat zou zijn als je dat enorme ego van je even zou kunnen parkeren?'

Dit voorbeeld verduidelijkt de rol van de confronterende coach. De coach kan de te coachen medewerker confronteren met slechte resultaten of ondoelmatig gedrag, om deze onmiddellijk bewust te laten worden van zijn functioneren en hem of haar aan te zetten tot zelfonderzoek. Irritatie mag nooit een reden zijn.

De coach kan ook confronteren door zich niet betrokken te tonen. Als Alexander weer lange verhalen over zichzelf begint, kan zij demonstratief uit het raam gaan zitten kijken. Als Alexander vraagt waarom ze dat doet, antwoordt ze dat verhalen over hemzelf haar niet interesseren. Pas als Alexander iets over zijn omgeving vertelt, kijkt zij hem weer aan. Confrontatie heeft alleen kans van slagen als er sprake is van een vertrouwensrelatie tussen coach en de te coachen medewerker. Anders kan confrontatie ook leiden tot verdedigend gedrag of zelfs tot aanvalsgedrag.

De Farrelly-factoren

De grondlegger van de provocatieve therapie is Frank Farrelly. Hij ontwikkelde zijn theorie toen hij als therapeut op een gesloten psychiatrische afdeling werkte en ontevreden was over de resultaten die hij bij moeilijke patiënten boekte. Zijn aanpak is erop gericht om de 'cliënt' tijdens de behandeling vijf verschillende soorten gedrag te ontlokken. De cliënt wordt door de therapeut zo geprovoceerd dat hij:

1 Zijn eigenwaarde verdedigt in zijn gedrag en woorden.
2 Zich doet gelden in taken en relaties.
3 Zichzelf op een realistische wijze verdedigt.

4 Zijn opvattingen toetst aan de realiteit en leert om adequaat te reageren.
5 Risico's neemt in de omgang met dierbaren, vooral in het uiten van affectie en de eigen kwetsbaarheid.¹

Jaap Hollander heeft, samen met Graham Dawes en René Duba, Farrelly's aanpak in een concretere vorm gegoten door deze als 39 *Farrelly Factors* te formuleren.² Deze 'Farrelly-factoren' zijn een soort transcriptie van het gedrag, de gedachten en de gevoelens van Frank Farrelly tijdens een sessie. We behandelen hier niet alle 39 factoren; dat zou ook te veel ruimte vergen. Bovendien is het aantal aan revisie onderhevig: in de boeken die Jaap Hollander samen met Jeffrey Wijnberg heeft geschreven, loopt dat uiteen van 37 in ene boek³ tot 53 in het andere⁴. We zullen de Farrelly-factoren daarom kort bespreken aan de hand van de acht categorieën waarin Hollander en Wijnberg ze indelen.⁴

- *Doorgaande gedragingen*   Het gaat hier om de typische manier van doen van de provocatieve coach. Het is een houding die in alles wat hij of zij doet merkbaar is. Een provocatieve coach is bijvoorbeeld niet bang om een te coachen medewerker aan te raken. Een ander voorbeeld is dat hij of zij geen enkele moeite doet om enige structuur in het gesprek aan te brengen. Maar meest kenmerkend is de grappende toon waarop de coach praat: de medewerker wordt niet serieus genomen, belachelijk gemaakt of bestraffend toegesproken. Er is niets waar niet de draak mee kan worden gestoken.
- *Conditionele reacties*   Dit zijn dingen die de provocatieve coach doet als de te coachen medewerker daarvoor een opening biedt. Neem de Farrelly-factor 'Stoplicht-kleurenblindheid'. De coach kan geen onderscheid maken tussen een rood en een groen licht. Als de medewerker zegt: 'Hier wil ik het *niet* over hebben', gaat de provocatieve coach gaat er juist op door. Een ander voorbeeld is het in twijfel trekken van vooruitgang die de medewerker meent geboekt te hebben
- *Algemene provocatieve reacties*   Deze categorie behelst patronen die de provocatieve coach naar eigen inzicht uit de kast haalt, als het maar niet voortdurend is. De coach kan de te coachen medewerker bijvoorbeeld onderbreken, een bijnaam voor hem of haar verzinnen en gebruiken of tijdens het gesprek schijnbaar irrelevante zijpaden inslaan
- *Provocatieve reacties op problemen*   Als een te coachen medewerker zijn probleem op tafel legt heeft de coach een scala aan provocatieve reacties tot zijn of haar beschikking. De coach geef bijvoorbeeld absurde verklaringen ('Volgens mij drink je niet genoeg melk') of oplossingen ('En als je de hele afdeling nou eens bij jou thuis uitnodigt voor een etentje?'). Een andere Farrelly-factor in deze categorie is 'Dommetje spelen': de coach blaast zijn (al dan niet gespeeld) onbegrip op tot enorme proporties.
- *Provocatieve reacties op het zelfbeeld*   Hierbij trekt de provocatieve coach het zelfbeeld van de te coachen medewerker in twijfel, bijvoorbeeld door culturele stereotypen te gebruiken: 'Had je dan gedacht dat ze een vrouw in jouw functie serieus zouden nemen? Vrouwen zorgen voor de koffie!' Als een medewerker bepaalde eigenschappen van zichzelf als negatief bestempelt, doet de provoca-

tieve coach er nog een schepje bovenop: 'Klein van stuk? Joh, als ik jou hier in het gazon neerzet, denkt iedereen dat je een tuinkabouter bent!'
- *Provocatieve reacties op de relatie*   Als een te coachen medewerker een bepaalde rol speelt – bijvoorbeeld 'het zieke vogeltje' – dan kiest de provocatieve coach een complementaire rol, in dit geval die van 'verpleegster'. De medewerker die het allemaal beter weet ('de filosoof') treft al snel een collega-filosoof voor zich. Wijnberg en Hollander onderscheiden op die manier zes verschillende 'relatietypen'.[3]
- *Strategische provocatieve patronen*   Deze categorie moet gezien worden als een verzameling van beleidslijnen. Het zijn strategieën van waaruit de provocatieve coach opereert: ze leiden vaak niet tot een enkele interventie maar komen tot uiting in meerdere samenhangende interventies, vaak verspreid over meerdere sessies. De coach eist bijvoorbeeld van de te coachen medewerker dat hij of zij amusant is ('Wil je het nou alweer over je werk hebben? Kunnen we het dit keer niet over iets leukers hebben?'). Een ander voorbeeld is 'Verschuif de schuld': als de medewerker de omgeving de schuld geeft, zegt de coach dat het toch echt aan de medewerker zelf ligt. Zo gauw de medewerker daarin begint mee te gaan, draait de coach het weer om.
- *Innerlijke processen van de coach*   De categorieën die we tot dusver behandeld hebben, beschrijven het gedrag van de provocatieve coach. Om tot dat gedrag te komen, werkt de coach vanuit een aantal mentale processen. De provocatieve coach probeert zichzelf zo veel mogelijk in een lachstemming te brengen. 'Melig', noemde u dat vroeger. Alleen zo vindt de coach doorlopend materiaal voor zijn of haar absurde oplossingen en provocatieve uitleg. Een ander belangrijke factor is 'Wees warm'. De warmte die de coach uitstraalt, vormt een tegenwicht voor het cynisme. Zonder warmte wordt provocatieve coaching heel snel als neerbuigend ervaren.

De aanpak van provocatieve coach doet sterk denken aan die van psychiater Sigmund uit de gelijknamige strip. Het lijkt moeilijk voor te stellen dat er enige helende werking zou uitgaan van het niet serieus nemen of zelfs belachelijk maken van mensen. Maar het geheime wapen van de provocatieve coach is – naast warmte – *juist* humor, zeggen Hollander en Wijnberg:

'Coaches, trainers en therapeuten zijn opgeleid om hun cliënten naar de mond te praten. Elk probleem wordt serieus genomen en de vertrouwensrelatie moet ten koste van alles in stand gehouden worden. Lachen is uit den boze.'[6]

De lach is voor de provocatieve coach 'een natuurlijke pijnbestrijder' en een middel om echt contact te maken met de te coachen medewerker. In feite heeft de provocatieve coach dezelfde functie als de nar vroeger aan het hof: hij flapt er dingen uit die niemand hardop durft te zeggen. Maar hij doet het op een grappige, plagerige toon die Farrelly omschrijft als 'affectionate banter between friends'. Als plagen ontaardt in treiteren, is dat een teken dat de provocatieve coach uit de bocht is gevlogen. Dan zouden de cliënten trouwens ook gillend de spreekkamer uitrennen.

Provocatie van de traditionele coach

Het effect van provocatieve coaching schuilt erin dat de coach doet wat de traditionele coach nalaat. Wat de provocatieve coach doet, wijkt immers nogal af van het traditionele beeld dat we van coaches hebben. De traditionele coach luistert actief, de provocatieve coach valt de te coachen medewerker voortdurend in de rede. De traditionele coach reageert begrijpend, de provocatieve coach reageert spottend of lacht zijn klant midden in het gezicht uit. De traditionele coach moedigt de medewerker aan als hij zichzelf overwonnen heeft in een bepaalde situatie en de coaching kennelijk vruchten begint af te werpen. De provocatieve coach laat duidelijk blijken dat hij de geboekte vooruitgang nog maar weinig vindt voorstellen. Hij toont een gezond wantrouwen ten aanzien van geboekte resultaten van de medewerker. We geven een voorbeeld.

> *Medewerker*: 'Ik heb vorige week bij het afdelingsoverleg een presentatie gehouden over de nieuwe wetgeving. Ze vroegen of iemand dat wilde en toen heb ik mezelf aangemeld.'
>
> *Coach*: 'Was je dronken of zo? Dat kan jij toch helemaal niet? Of was het een poging om je collega's te vermaken? Die moeten wel brullend van het lachen over de vloer gerold hebben tijdens je presentatie. Wat een bizar idee, man. Maar ook wel heel geestig.

Dat staat lijnrecht tegenover het gedrag van de traditionele coach die elke vorm van vooruitgang toejuicht:

'Sterker nog, de meeste coaches zijn zo blij als zij merken dat de cliënt constructieve plannen heeft, dat zij voorop lopen in de strijd. In gedachten zien zij hun opdrachtgever (de baas van de cliënt) of de doorverwijzer (de collega die de cliënt heeft doorgestuurd) al dankbaar en tevreden glimlachen over dit geslaagde traject. Des te groter is de teleurstelling als blijkt dat de cliënt er in de praktijk weinig van terechtbrengt. Zo bekeken is de coach net een jockey die met grote zweepslagen de vaart van het paard erin probeert te houden en, als het paard langzamer gaat lopen de kracht van zijn zweeplagen nog verder opvoert. Deze vertoning eindigt dikwijls in twee oververmoeide krijgers die ver voor de finishlijn elkaar verwijtend in de ogen staren en niet begrijpen wat er is misgegaan.'[6]

Au! In deze passage krijgt niet alleen het paard met de zweep, maar ook de traditionele coach! De provocatieve coach pakt het dus bewust heel anders aan. Zelfs als de te coachen medewerker kan aantonen dat hij een belangrijke vooruitgang heeft geboekt, dan nog zal de provocatieve coach er pessimistisch op wijzen dat één zwaluw nog geen zomer maakt. Alleen de sterretjes in zijn ogen verklappen dat de coach niet echt zo wantrouwend is. Hij doet alleen maar zo om de medewerker aan te zetten tot een nog grotere zelfovertuiging en daadkracht. Dat is eigenlijk het kernidee van provocatieve coaching.

De werkwijze van de provocatieve coach

De positieve insteek die de traditionele coach kiest, heeft niet altijd het gewenste effect. Hoe harder mensen ongefundeerd roepen dat het wel goed komt, hoe harder je daar zelf vaak aan gaat twijfelen. Bij een coach kan je dan ook nog denken: 'Ja, natuurlijk zeg hij dat. Dat is z'n werk.' De theorie van de provocatie stelt dat het positivisme van de coach zelfs averechts kan werken. Hollander en Wijnberg brengen het als volgt onder woorden:

'Als je tegen de ezel gaat staan duwen, zet hij zijn hakken in het zand. En hoe harder je duwt, des te dieper bijten die hakken zich vast. Daarom draait de provocatieve coach het om. Hij beweert heftig en op allerlei manieren dat je het niet kunt, dat het helemaal geen zin heeft om het probleem op te lossen, en dat als het wel zin had het jou toch nooit zou lukken. Want hij weet dat je de ezel beter aan zijn staart kunt trekken als je wilt dat hij vooruitgaat. En bovendien: dan is hij tenminste zelf vooruitgegaan en kan hij zelf de eer voor de vooruitgang opstrijken.'[6]

De harde aanpak brengt een schok teweeg en de kracht van die explosie zet mensen in beweging. Bovendien kunnen mensen wel tegen een stootje, stelt de provocatieve coach. Ze hebben veel meer veerkracht dan de gemiddelde coach denkt en zijn in staat om zelf de waarheid onder ogen te zien.

> *Medewerker*: 'Volgende week heb ik op mijn werk een voorwaardengesprek voor die nieuwe plek op mijn afdeling. Dat is een formaliteit; eigenlijk ben ik al aangenomen. Ze zijn gewoon heel erg blij met mij. Maar volgende week heb ik een gesprek bij dat organisatieadviesbureau. Dat kan ik eigenlijk niet maken, maar het is een hele mooie functie. Ik voel me daar schuldig over.'
>
> *Coach*: 'Wat zit je nou te ouwehoeren? Denk je dat je mij iets op de mouw kunt spelden? Je bent gewoon aan het kijken hoe ver je kunt komen met je dubbelsporenbeleid.'
>
> *Medewerker*: 'Oeps. Betrapt.'

Een te zachte aanpak zorgt immers alleen maar voor geestelijke luiheid bij cliënten die eisen dat hun coach hen net zo welwillend tegemoet treedt als de rest van hun omgeving. Eigenlijk deelt de provocatieve coach voortdurend effectballetjes uit. En effectvoetbal, daar is Johan Cruijff ook heel bedreven in. De legendarische nummer 14 kan ook confronteren, en wel als de beste, zoals blijkt uit het lesje dat hij voetballer Tscheu-la Ling ooit leerde: 'Kijk, zei ik hem, ik was hier god en jij wilt het worden. Je hebt nog niet de helft van wat ik had, sterker nog, die drie acties per wedstrijd van jou, een mannetje uitspelen, nou dat kan ik ook nog wel en misschien nog wel beter. Maar als jij hier god wilt worden, moet je er iets voor doen.'[5]

Noten

1. Farrelly, F. & Brandsma, J. (1989). *Provocative Therapy*. Cupertino, CA: Meta Publishing.
2. www.iepdoc.nl/biblio/artikel_detail.asp?ID=32.
3. Hollander, J. & Wijnberg, J. (2002). *Provocatief coachen. Handboek voor de uitdagende stijl van helpen*. Utrecht: Kosmos.
4. Wijnberg, J. & Hollander, J. (2005). *Succes is ook niet alles. Verder met provocatief coachen*. Schiedam: Scriptum.
5. Winsemius, P. (2004). *Je gaat het pas zien als je het doorhebt. Over Cruijff en leiderschap*. Amsterdam: Balans.
6. Hollander, J. & Wijnberg, J. (2006). *Provocatief coachen. De basis*. Schiedam: Scriptum

Teamcoaching

11

Een goede teamcoach is lui. Of liever gezegd: een teamcoach lijkt lui. Een belangrijk deel van zijn taak bestaat uit het observeren van interactieprocessen, om de onderliggende patronen op te sporen die het functioneren van de groep belemmeren. Onder leiding van de coach kunnen teams zich ontwikkelen van los zand tot een hecht samenwerkingsverband. Maar ook hier geldt: het team moet het zélf doen. De coach blijft aan de zijlijn staan.

In dit hoofdstuk komt aan bod:

⇒ Teams samenstellen.

⇒ De gefaseerde ontwikkeling van teams.

⇒ De sfeer in het team.

⇒ De succesfactoren van teamcoaching.

⇒ Interactieprocessen doorgronden.

Inleiding

Tot nu hebben we het de hele tijd gehad over individuele coaching. Maar u hebt als manager, als coach, of als coachende manager, ook vaak de verantwoordelijkheid voor een heel team. Net zoals een voetbalcoach, die een geoliede machine moet zien te maken van elf spelers. En ze zien te behoeden voor de gevaren van succes. Johan Cruijff zei hierover: 'Als coach moet je een beetje proberen de tegenhanger te zijn van het elftal. Gaat het goed, dan moet je het een beetje temperen. Gaat het zwak, moet je het omhoog duwen.'[1]

In principe gaat het bij het coachen van teams om hetzelfde principe als bij een-op-eencoaching. Alleen heb je te maken met soms zeer verschillende individuen die met elkaar samen moeten werken. Dat verloopt niet altijd soepel. Allerlei onderlinge conflicten verstoren de effectiviteit van het team. Het is dan ook belangrijk om te weten uit welke verschillende typen persoonlijkheden het team is samengesteld. Dat is vaak de onderliggende reden waarom mensen botsen. Of waarom ze juist fantastisch met elkaar kunnen samenwerken.

Teams samenstellen

Kijk maar eens naar de samenstelling van de teams bij de traditionele roeiwedstrijd tussen Oxford en Cambridge. In het voorjaar van 2007 kwam het niet alleen aan op kracht uithoudingsvermogen en techniek, volgens een analyse in *The Economist*. De roeirace was vooral een test voor de strategieën van de coaches en hun ideeën over de samenstelling van de teams. De coach van Oxford selecteerde de roeiers vooral op techniek. De coach van Cambridge vond de mate waarin iemand in staat is om samen te werken daarentegen belangrijker dan individuele kwaliteiten. Hij koos daarom voor Dan O'Shaughnessy, die niet uitblinkt in techniek, maar met zijn flamboyante gedrag wel kan zorgen voor een goede sfeer en het beste uit zijn teamleden weet te halen.

Dat sluit aan bij een artikel in de *Harvard Business Review* waarin wordt gesteld dat mensen de voorkeur geven aan een 'lovable fool' boven een 'competent jerk'. De 'dierbare dwaas' zorgt voor lol op de werkvloer. Bovendien zorgt hij ervoor dat het team beter gaat functioneren. Het artikel in *The Economist*, dat verscheen voor de race werd gehouden, bleek overigens voorspellende kracht te hebben: Cambridge won op 7 april 2007 de 153ste roeiwedstrijd tussen de twee Britse topuniversiteiten.

Bergbeklimmer Ronald Naar brengt die les ook in de praktijk bij het samenstelling van zijn expeditieteams. In zijn boek *Naar de top* stelt Naar dat veel mensen de fout maken om eenvormige teams samen te stellen. Ze kiezen mensen met hetzelfde karakter en dezelfde capaciteiten, omdat ze denken dat dat de samenwerking ten goede komt, of omdat ze bang zijn dat mensen met andere competenties misschien wel beter zijn dan zijzelf, met de kans dat ze zelf in de schaduw komen te staan. Maar dat betekent ook dat het eigen niveau de toetssteen vormt. Pas als je team bestaat uit mensen die complementair aan elkaar zijn – die elke hun eigen vaardigheden hebben, die ze beter dan wie dan ook beheersen – dan is er echt een basis voor grootse teamprestaties.

De meerwaarde daarvan ontdekte Ronald Naar zelf tijdens een bijna duizend kilometer lange skitocht over de Groenlandse ijskap in 1997, samen met medepoolreizigers Coen Hofstede en Ekon Hartig. Naar beschrijft het zelf als volgt:

'Het ideale team is een opstelsom van eisen. Je kunt bijvoorbeeld spelen met de groepsgrootte. Met twee man ben je erg flexibel, maar ook heel kwetsbaar. Met drie man gaat het nemen van beslissingen iets gemakkelijker en pas je samen nog net in één lichtgewicht tent. Met vier of vijf man moet je je 's nachts over twee koepeltenten verdelen, waardoor de onderlinge communicatie moeizamer verloopt en er kampen kunnen ontstaan. Een groep van drie leek me dus ideaal. Maar in zo'n team moesten wel alle vaardigheden en kennis zijn vertegenwoordigd. Zo had ik voor mijn team iemand nodig die kennis heeft van windsurfen, omdat we ons over de ijskap met behulp van parasails wilden verplaatsen, en iemand die ongecompliceerd is als tegenhanger voor mijn wat dwingende karakter; dat was Ekon. Ik had ook iemand in mijn team nodig met ervaring in het noordpoolgebied en iemand met voldoende kennis van elektronica om ongestoord via de satelliettelefoon contact met de buitenwereld te kunnen hebben; dat was Coen. Daarnaast moet je ook een voortrekker hebben, iemand die alles bedenkt, het idee uitwerkt en de fondsen erbij werft; dat was ik. Zo heeft iedereen in het team een unieke rol. Niemand voelt zich overbodig en iedereen is onmisbaar.'[2]

Passie is volgens Ronald Naar een ander selectiecriterium:

'Wat je met plezier doet heeft een grotere kans van slagen. Als coach is het daarom van belang te weten wat de intrinsieke motivatie van jouw potentiële teamleden is, alvorens ze te selecteren. Secundaire motieven, anders dan de liefde voor wat je doet, kunnen op beslissende momenten tot foutieve inschattingen leiden. Die kunnen gevaarlijke situaties veroorzaken en deze kunnen op hun beurt het mislukken van de missie tot gevolg hebben.'[2]

De coach moet dus zoeken naar gepassioneerde teamleden met capaciteiten en persoonlijkheden die elkaar aanvullen. Maar hoe weet de coach wat voor vlees hij in de kuip heeft?

Het kleurenmodel

De teamsamenstelling kan bijvoorbeeld in kaart gebracht worden met het vijfkleurenmodel van Léon de Caluwé en Hans Vermaak.[3] Het model onderscheidt vijf denkkaders die mensen hanteren om te interpreteren wat zij waarnemen. De Caluwé en Vermaak noemen dat 'kleurdrukken', naar hoe iemand zijn of haar kleur op de waarneming drukt. Geeldruk staat voor machtsdenken, blauwdruk voor een rationele benadering, rooddruk voor mensgerichtheid, groendruk voor leren en ontwikkeling – veel coaches zijn overigens groen – en witdruk voor de intuïtieve benadering.

Elke kleurdruk heeft voor de gebruiker zowel positieve als negatieve aspecten: idealen en valkuilen. We geven dat hieronder schematisch weer.

	Ideaal	Valkuil
Geeldruk	Creëert draagvlak	Ondoelmatig; weinig concreet
Blauwdruk	Doelgericht; planmatig	Ongeduldig; wekt weerstand
Rooddruk	Verbindt mensen	Negeert machtsverhoudingen
Groendruk	Motiveert; inspireert	Wordt niet altijd geaccepteerd
Witdruk	Dingen inzichtelijk maken	Onderneemt geen actie

Een van de vele toepassingen van het kleurenmodel is het expliciet maken van onderlinge overtuigingen. Uit het schema hierboven wordt duidelijk dat een team idealiter is samengesteld uit mensen met een voorkeur voor een van de vijf verschillende kleuren. In een dergelijk team vullen de positieve aspecten van kleurdrukken elkaar aan en vormen ze een tegenwicht voor elkaars negatieve aspecten.

In de praktijk blijkt dat zo'n team moeite heeft om met de onderlinge verschillen om te gaan. Daar ligt dus een schone taak voor de coach. Hij of zij brengt als groendrukdenker vaak als invalhoek in: 'Hoe kunnen we hier met z'n allen van leren?' We geven hieronder als een korte casus hoe mensen vanuit de verschillende kleurdrukken op een gebeurtenis kunnen reageren.

> Een managementteam bespreekt het nieuwe concernbrede marketingplan, dat een praktische uitwerking is van het vorig jaar vastgestelde meerjarenbeleidsplan.
>
> *Robert-Jan*: 'Is dit nou een volwassen plan? Werkelijk alles wordt volgens de boekjes uitgespeld. In zo'n keurslijf kunnen mensen toch niet werken? Alsof alles met een standaardaanpak op te lossen is.' (*Witdruk.*)
>
> *Chris*: 'Ik heb niet de indruk dat er met alle stakeholders rekening is gehouden. Is dit vooraf gesondeerd bij verkoop? Als zij het plan niet zien zitten, dan komt er natuurlijk niets van terecht.' (*Geeldruk.*)
>
> *Vera*: 'Het spijt mij wel, maar waar het MBP nog heel duidelijke doelen stelde, zie ik daar hier heel weinig van terug. Ik vind het eigenlijk al moeilijk om te zien welke concrete stappen nu voorliggen om dichte bij die doelen te komen. Ik mis een concrete doorvertaling.' (*Blauwdruk.*)

> *Mathieu*: 'Ik vind het inhoudelijk een goed plan, maar ik zie weinig aandacht voor de mensen die het moeten gaan uitvoeren. Kunnen we hier niet bedenken wat voor soort incentive we hen kunnen bieden? (*Rooddruk*.)
>
> *Marieke*: 'Als ik jullie zo allemaal hoor, dan is er een gedeeld gevoel dat dit plan van bovenaf opgelegd wordt. De vraag is nu hoe we tot een gezamenlijke reactie kunnen komen.' (*Groendruk*.)

De Myers-Briggs Type Indicator

Een ander hulpmiddel om de verschillende persoonlijkheden in een team te duiden, is de zogenaamde Myers-Briggs Type Indicator (MBTI). De hierop gebaseerde vragenlijst is een van meest gebruikte persoonlijkheidsvragenlijsten. Door het invullen van de vragenlijst zien mensen hoe zij op anderen reageren en hoe zij omgaan met verschillende praktijksituaties. De MBTI-vragenlijst beschrijft iemands persoonlijkheidsvoorkeuren op vier dimensies:

1 *Extraversion* of *Introversion* (E–I): Voorkeurstijl voor het opdoen van nieuwe energie.
2 *Sensing* of *Intuition* (S–N): Voorkeurstijl voor het opnemen van informatie.
3 *Thinking* of *Feeling* (T–F): Voorkeurstijl voor het nemen van beslissingen.
4 *Judging* of *Perceiving* (J–P): Voorkeurstijl voor het omgaan met de omgeving.

Hierna geven we schematisch weer wat de tegenstellingen van de vier voorkeursstijlen precies inhouden.

1	Extraversion (E)	of	Introversion (I)
	Bij voorkeur energie putten uit wat er in je omgeving gebeurt		Bij voorkeur energie putten uit wat er zich in jezelf afspeelt: je eigen opvattingen en gevoelens
2	Sensing (S)	of	Intuition (N)
	Zich bij voorkeur richten op informatie verkregen uit eigen waarneming		Zich bij voorkeur richten op abstracte patronen en onderliggende verbindingen
3	Thinking (T)	of	Feeling (F)
	Beslissingen bij voorkeur baseren op logische redeneringen en analyse		Beslissingen bij voorkeur baseren op een inventarisatie van wat anderen belangrijk vinden
4	Judging (J)	of	Perceiving (P)
	Bij voorkeur op een planmatige en geordende manier reageren op gebeurtenissen en een sterke behoefte aan duidelijkheid hebben		Bij voorkeur op een spontane en ongeorganiseerde manier reageren op gebeurtenissen en een sterke behoefte hebben om mogelijkheden open te houden

Iemands voorkeursstijl is dus 'Extraversion' of 'Introversion'. Hoewel de MBTI-vragenlijst in negentien talen vertaald is, worden doorgaans de Engelse termen gebruikt. De reden is dat we iemands persoonlijkheidstype in zestien verschillende lettercombinaties uitdrukken – bijvoorbeeld ESTJ of INFP – op basis van de voorkeur op elk van de vier dimensies.

Het voert te ver om alle van de zestien persoonlijkheidstypen hier te behandelen. Nicolas Lore geeft in zijn boek *Baanbreker* beschrijvingen van alle typen.[4] In dat boek is ook een versimpelde vorm van de MBTI-test te vinden. Jean Kummerow, Linda Kirby en Nancy Barger werken in hun boek *Worktypes* de persoonlijkheidstypen verder uit.[5]

Tussen mensen met een andere persoonlijkheidstype ontstaan gemakkelijk irritaties. Als coach kunt u uw teamleden inzicht bieden in elkaars voorkeursstijlen. De blokkade voor de samenwerking is dan verdwenen of minder groot. De teamleden kunnen elkaar dan zelfs gaan aanvullen, gebruikmakend van elkaars verschil in benadering en elkaars sterke en zwakke punten. Neem eens even tijd om na te denken: welk type bent u? En tot welk type behoren de mensen in uw team? Waar botst het?

Op een andere manier komen we die onderlinge verschillen binnen een team ook weer tegen op het voetbalveld. Het recept van Johan Cruijff voor zijn elftal was een combinatie van harde werkers en sterren, zo vertelt hij in *Je gaat het pas zien als je het doorhebt*: 'In mijn team wordt de discipline bewaakt door wat oudere spelers met een goede mentaliteit die niet proberen de show te stelen. Je hebt dat op verschillende momenten nodig.'[1]

Het coachen van een team betekent dus ook zorgen voor een goede opstelling. Te veel sterren opstellen levert volgens Cruijff fantastisch voetbal op, maar zelden de zege. Ronald Naar kwam tot dezelfde conclusie tijdens zijn expedities naar de hoogste toppen ter wereld. In zijn boek *Naar de top* schrijft hij:

'Een van de grootste bedreigingen voor het functioneren van een team is onderlinge kift en het zich ten opzichte van elkaar willen bewijzen. Dit bederft niet alleen de sfeer, maar werkt voor alle teamleden contraproductief. Als coach moet je je team laten beseffen dat toppers afhankelijk zijn van waterdragers. En omgekeerd. En dat een topper pas echt zijn klasse kan tonen als hij anderen beter kan laten presteren.'[2]

Toppers willen altijd winnen, zegt Naar, terwijl subtoppers zichzelf voortdurend willen verbeteren. Die laatste eigenschap houdt in dat je eigen functioneren kritisch tegen het licht houdt en je fouten durven te onderkennen. Dat betekent ook openstaan voor correcties en verbeteringen die anderen je aanreiken, kortom: jezelf (laten) corrigeren. En dat geldt natuurlijk niet alleen voor teamleden, maar ook voor coaches in spe zoals uzelf!

Tijdens het klimmen is een team overigens niet alleen figuurlijk, maar ook letterlijk aan elkaar verbonden: door het klimtouw. Daardoor zijn de teamleden gedwongen om gelijk met elkaar op te gaan, ook al zouden ze misschien anders willen. Dat dwingt teamleden om hun krachten en inzet ten goede te laten komen van hun 'touwgenoten'. Als die beter functioneren, profiteren ze daar immers zelf uiteindelijk ook weer van.

Quick scan voor het typeren van medewerkers

Om een team goed te kunnen coachen op zelfverantwoordelijkheid, is het niet alleen handig om te weten welke persoonlijkheden er in het team zitten, maar ook om in te zoomen op de mate waarin ze verantwoordelijkheid nemen voor hun eigen functioneren en dat van het team. Zijn ze wel of niet onafhankelijk in hun denken? Zijn ze passief of actief in hun gedrag? Marijke Lingsma biedt daar in haar boek *Aan de slag met teamcoaching* een handige en snelle methode voor.[6]

- *Schaap*   'Schapen' zijn afwachtende en passieve medewerkers die geen eigen initiatief nemen en kritiekloos achter de 'herder' aanlopen. En als de herder niet zegt wat ze moeten doen, dan blijven ze bewegingsloos in de wei staan. Ze zij uitsluitend extrinsiek gemotiveerd. Ze proberen hun omgeving als het ware te 'verleiden' om hen structuur te bieden. Een ongeduldige leidinggevende is allergisch voor dit type medewerker.
- *Jaknikker*   'Jaknikkers' zijn harde werkers. Ze doen zonder meer wat hun wordt gevraagd. Sterker nog: ze trekken extra werk naar zich toe. Daarbij luisteren ze niet altijd even goed naar wat nu precies de bedoeling is. Ze willen ook nog wel eens risico's nemen zonder over de mogelijke gevolgen na te denken. Hoe meer een leidinggevende hen controleert, hoe meer vrijheden ze zich permitteren. Ze worden immers toch gecontroleerd.
- *Remmer*   'Remmers' zeggen ja, maar doen nee. Ze weigeren zich aan de gestelde doelstellingen te committeren en proberen deze vanuit het informele circuit zelfs te ondermijnen. Met hun 'ja maar'-mentaliteit blijven ze reeds genomen beslissingen ter discussie stellen. Een oplossing is het team voor het blok te zetten: of alsnog akkoord gaan met de teambeslissing, of opstappen. Een deel zal dat doen, en een ander deel zal blijven zitten maar weinig kabaal meer maken. Remmers vergen veel energie en tijd van de leidinggevende, wat nog wel eens ten koste kan gaan van de rest van het team.
- *Effectieve medewerker*   'Effectieve medewerkers' nemen hun verantwoordelijkheid voor hun taken. Ze snappen de achterliggende visie achter de doelstellingen en denken op een creatieve manier mee. Effectieve medewerkers zijn in staat buiten kaders te denken. Ze trekken het initiatief naar zich toe en inspireren zo ook de rest van het team om goede resultaten te halen.

De gefaseerde ontwikkeling van teams

Om het team naar de zege of de top te kunnen begeleiden, moet de coach begrijpen via welke fasen teams zich ontwikkelen, stelt John Whitmore in zijn boek *Succesvol coachen*.[7]

De eerste fase is de *lidmaatschapsfase*: mensen bepalen of ze lid van het team willen worden, en of ze zich lid voelen. Ze voelen de behoefte om geaccepteerd te worden en zijn bang voor afwijzing. Ze kijken naar de coach om zijn gedrag te kopiëren.

De coach moet direct het goede voorbeeld geven. Als hij bijvoorbeeld openheid en eerlijkheid in zijn team belangrijk vindt, moet hij dat vanaf dag 1 uitstralen.

De tweede fase is de fase die vooral gekleurd wordt door *geldingsdrang*. Als de meerderheid van de groep het gevoel heeft erbij te horen, begint iedereen voor zichzelf op te komen. Macht, territoriumgedrag en ellebogenwerk kenmerken deze fase. De coach wordt uitgedaagd, net zoals tijdens een vijfdaagse voetbaltraining de coach altijd op de avond van de tweede dag wordt afgemaakt.

Een goede coach stimuleert de teamleden om zelf verantwoordelijkheid te nemen en staat kritiek toe. Hij is ook in staat om het team naar de volgende fase te tillen. Een hele prestatie, want de meeste teams komen niet verder dan de tweede fase. Die tweede fase is op zichzelf productief, maar er zit nog meer in.

De derde fase is de fase van *samenwerking*. Het team scoort hoog op eigenschappen als steun, vertrouwen, geduld, betrokkenheid, humor, bij elkaar passen, moed, enthousiasme en altruïsme. Als een van de teamleden een overwinning behaalt, wordt dat door de anderen gevierd. In de tweede fase zou dat nog tot jaloezie bij de anderen hebben geleid en in de eerste fase zou de rest zich zelfs bedreigd hebben gevoeld. In de samenwerkingsfase is het team een harmonische eenheid, zonder dat individuele talenten worden ontkend.

Hoe kan de coach zijn team naar de fase van samenwerking begeleiden? Whitmore geeft hiervoor de volgende opties:

- Definieer de gemeenschappelijke doelen voor het team.
- Stel basisregels op die voor iedereen aanvaardbaar zijn en waaraan iedereen zich moet houden.
- Maak tijd vrij voor groepsprocessen. Praat over het team, niet over het werk.
- Peil de wenselijkheid van gezamenlijke sociale activiteiten.
- Zet een systeem voor onderlinge hulpverlening op. Geef ieder teamlid een ander teamlid als buddy.
- Zorg voor gemeenschappelijke interesses buiten het werk.
- Leer samen een nieuwe vaardigheid. Leer collectief een vreemde taal of volg een cursus voor coaching!

- Doe samen een persoonlijkheidstest, bijvoorbeeld de Myers-Briggs Type Indicator.
- Organiseer groepsgesprekken over de zin van het bestaan. Ook zingeving kan een team samenbinden.

Belangrijk is dat de coach deze opties slechts aangeeft: het team moet zelf beslissen of de suggesties worden overgenomen. De coach moet het bewustzijn en de verantwoordelijkheid van het team vergroten, zonder deze van bovenaf op te leggen.

Situationeel coachen

Paul Hersey en Kenneth Blanchard onderscheiden in hun theorie van situationeel leiderschap eveneens vier niveaus, in dit geval die van taakvolwassenheid.[8] Blanchard heeft de theorie later nog eens herzien tot Situationeel Leiderschap II[9]. Wij hanteren hier het model zoals Hersey dat heeft vastgelegd in zijn boek *Situationeel leidinggeven*.[10] De vier niveaus van taakvolwassenheid zijn gebaseerd op een combinatie van twee factoren:

- *Bereidheid*   De mate van gemotiveerd zijn van medewerkers goede resultaten te boeken.
- *Bekwaamheid*   De mate van zelfstandigheid van medewerkers waarmee ze taken oppakken en uitvoeren, plus de mate van zekerheid die ze daarbij ervaren.

Oplopend van lage naar hoge taakvolwassenheid (de 'M' komt van *maturity*) zijn de vier niveaus dan de volgende:

- *M1*: Onbekwaam, onwillig of onzeker.
- *M2*: Onbekwaam, gemotiveerd of zeker.
- *M3*: Bekwaam, onwillig of onzeker.
- *M4*: Bekwaam, gemotiveerd en zeker.

Paul Hersey hanteert de tweedeling *junior* en *senior* om het niveau van taakvolwassenheid aan te geven. Zowel op junior- als seniorniveau kunnen we beginners en gevorderden onderscheiden. Door deze indeling uit te breiden met *medior* en *expert* laat dit laat zich ook goed toepassen op teams. Dat leidt uiteindelijke tot de volgende teamindeling:

- *Junior team (M1)*   Dit is eigenlijk geen echt team. Meestal wordt in dit stadium de benaming 'groep' gebruikt. Het zijn solistisch werkende individuen, die als los zand bijeenhangen. Een junior team is niet zelf verantwoordelijk voor onderlinge afstemming, samenwerking en resultaat. Dat gebeurt door de manager of senior medewerkers.
- *Medior team (M2)*   Ook dit is vaak nog te typeren als groep. Of er wel of niet van een team sprake is, hangt af van de mate waarin er onderling afgestemd en samengewerkt wordt.

- *Senior team (M3)*   Dit is een team met veel onderling interactie. Een senior team neemt wel zelf verantwoordelijkheid voor interactie, sfeer, werkproces en resultaat, in dialoog met de manager. In dit geval hebben we wel met een echt team te maken.
- *Expert team (M4)*   Als een team ook aanspreekpunt is voor derden, spreken we van een expert team. Zo'n team is bijna altijd zelfsturend.

Paul Hersey verbindt aan elk niveau van taakvolwassenheid een andere stijl van leiding geven. Ook die vier stijlen zijn gebaseerd op een combinatie van twee factoren:

- *Taakgerichtheid*   De mate waarin een leidinggevende een monoloog houdt, medewerkers instrueert waar, wanneer en hoe de taak moet worden uitgevoerd en het resultaat controleert. Een taakgerichte leidinggevende besteedt dus veel aandacht aan de juiste taakvervulling van zijn of medewerkers.
- *Relatiegerichtheid*   De mate waarin een leidinggevende de dialoog opzoekt, medewerkers ondersteunt bij het zelf oplossen van problemen en onderlinge samenwerking. Een relatiegerichte leidinggevende heeft vooral oog voor zijn de mensen en hun onderlinge verhoudingen.

In het schema is weergegeven hoe deze twee factoren zich laten combineren tot vier verschillende stijlen van leiding geven:

Relatiegericht	*Hoog*	S3: Participeren	S2: Overtuigen
	Laag	S4: Delegeren	S1: Instrueren
		Laag	Hoog
		Taakgericht	

Ook deze vier stijlen laten zich toepassen op het coachen van teams:

- *Instrueren (S1)*: Een junior team heeft baat bij een sterke, taakgerichte leiding. Een effectieve leidinggevende licht toe wat er precies gedaan moet worden en hoe die taken verricht moeten worden.
- *Overtuigen (S2)*: Een medior team vraagt om een combinatie van een taakgerichte en relatiegerichte benadering. De leidinggevende overtuigt het team van hun mogelijkheden de taken op de juiste wijze uit te voeren.
- *Participeren (S3)*: Bij een senior team is het van belang een goede verstandhouding op te bouwen. Als de medewerkers bekwaam, maar niet zo gemotiveerd of onzeker zijn, is het scheppen van een goede verstandhouding met hen van belang. Een effectieve leidinggevende laat het team participeren, overlegt met hen over de juiste aanpak van de taken.
- *Delegeren (S4)*: Een expert team kan zelf haar taken kiezen en de juiste aanpak daarvoor. Een leidinggevende kan het best het werk aan henzelf overlaten.

De sfeer in het team

Volgens Ronald Naar zijn er echter ook situaties waarin de coach moet durven ingrijpen om het team tot een topprestatie aan te zetten:

'Een coach moet in principe één kunnen zijn met zijn teamleden om hen te begrijpen. Maar hij moet er tegelijkertijd boven durven te staan als de situatie erom vraagt. Teamgeest kan een middel zijn om prestaties te verbeteren. Een coach moet echter niet terugdeinzen voor een confrontatie en eventueel zelfs een conflict durven uit te lokken als dat de teamleden op scherp kan zetten.'[2]

Boosheid of verongelijktheid maakt adrenaline vrij. Dat kan de teamleden boven zichzelf doen uitstijgen. Tegelijkertijd wijst Naar ook op het belang van een open en eerlijke cultuur in het team en goede communicatie:

'In een team dient een sfeer te bestaan waarin alle leden zich durven uit te spreken zonder het gevoel te krijgen dat er sancties staan op het uiten van hun mening. In een open cultuur is meer ruimte voor verbetering. De coach krijgt tevens meer zicht in de motieven van de teamleden, waardoor hij beter in staat is om onvrede en conflicten te voorkomen.'[2]

Ook deze stelling illustreert Naar met een persoonlijk voorbeeld. De open communicatie was volgens hem de belangrijkste succesfactor in zijn samenwerking met Bas Gresnigt, de klimmer waarmee hij tussen 1976 en 1981 zijn extreemste beklimmingen maakte, waaronder die van de Eigerwand:

'Er moeten geen barrières zijn om onderwerpen te bespreken. Juist de vrijheid om ideeën te uiten en te ontwikkelen is een belangrijk punt. Sterker nog: dat moet zelfs worden gestimuleerd. In de meest ideale situatie heerst er in een team een sfeer van onorthodox denken; dat conventies, bestaande meningen en vooroordelen moeten kunnen worden weggezet. Met Bas Gresnigt probeerde ik altijd nieuwe wegen te zoeken om de weg naar de top zo effectief en zo veilig mogelijk af te leggen. Om de Eigerwand veilig te kunnen beklimmen besloten we de wand juist tijdens een slechtweerperiode te beklimmen, als er ijs tegen de want kleeft, waardoor losliggende stenen worden vastgekit, en niet, zoals in die tijd gebruikelijk was, eerst een periode van stabiel, mooi weer af te wachten. (...) We riskeerden op deze wijze veel, maar dankzij die vindingrijkheid wonnen we destijds ook veel. Door nieuwe ideeën te spuien en er met elkaar onbelemmerd over te praten, werden we niet alleen sámen beter, maar ook ieder afzonderlijk.'[2]

De succesfactoren van teamcoaching

'Samen beter worden' sluit aan bij de definitie die Marijke Lingsma in haar boek *Aan de slag met teamcoaching* hanteert: 'Teamcoachen is het stimuleren van het nemen van gezamenlijk eigenaarschap voor professionele team(competentie)ontwikkeling en het resultaat ervan.'[6]

De teamcoach richt op het wakker schudden en alert houden van het team door:

- Vorm te geven aan het 'eigenaarschap' van medewerkers, zodat ze kritischer en actiever worden in (mee)denken en handelen.
- De verdere ontwikkeling van persoonlijke vaardigheden, teamvaardigheden en denkpatronen.
- Medewerkers zich meer bewust te laten worden van de effecten van hun eigen gedrag op elkaar.
- Medewerkers verantwoordelijkheid te laten nemen voor de gevolgen van hun eigen gedrag.
- Het vergroten van handelings- en analysemogelijkheden voor het team rond het werk: wat kunnen/willen/mogen teamleden zelf doen?

De teamcoach richt zich in de interactie op de vier succesfactoren. Lingsma omschrijft ze als volgt: 'Met deze vier punten heeft een teamcoach krachtige ijkpunten om optimaal resultaat uit de teamcoaching te halen: de miscommunicatie, het conflict, het knelpunt, het stagneren, hoe verhoudt zich dat tot de meetlat, eigenaarschap, de ijsberg met onzichtbare opvattingen en wat laat de hier-en-nu-situatie daarover zien?'[6]

- *De meetlat*   Zonder een gedeelde visie en daarvan afgeleide competenties komt er niets van de grond.
- *Eigenaarschap*   Het team moet zelf verantwoordelijkheid voor het probleem willen nemen. Er moet wel onderscheid gemaakt worden of het gaat om een managersvraag of een coachingsvraag. Een acuut probleem dat nu opgelost moet worden is een managersvraag. Een coachingsvraag gaat over het bewust worden van belemmeringen die bij het oplossen van het probleem boven komen. Een goede coach zal direct toetsen of er een bekende en gedeelde visie is en of iedereen daaraan gecommitteerd is. Als vastgesteld is wie de probleemdrager is en of het coachingsvraag is, bekijkt de teamcoach hoe hij of zij het team kan helpen in de richting van de visie te bewegen, zonder de interactiepatronen en de achterliggende opvattingen uit het oog te verliezen.
- *De ijsberg van McClelland*   Gedrag en kennis vormen slechts het topje van de ijsberg. 'Onder water' gaan allerlei opvattingen schuil: denkbeelden, aannames, mentale modellen. Deze beïnvloeden het gedrag en de veranderingsbereidheid. De coach kan deze collectieve mentale modellen opsporen door goed te luisteren en de verborgen opvattingen vervolgens proberen te herlabelen, zodat een nieuwe werkelijkheid ontstaat.

- *De hier-en-nu-situatie* In het gedrag tijdens bijeenkomsten manifesteren de teamleden zich. De coach kan zo beoordelen of er congruentie is tussen verbaal en non-verbaal gedrag.

Interactieprocessen doorgronden

De teamcoach let vooral op de interactieprocessen in de groep, zoals:

- Wie zet zich in, wie zit achterover?
- Wordt er geklaagd of wordt er naar oplossingen gezocht?
- Luisteren ze naar elkaar of praat ieder voor zich?
- Verwachten ze van jou dat je als manager of als teamcoach knopen doorhakt?
- Wat is jouw reactie daarop?

De coach is daarbij voortdurend alert op ineffectieve patronen die de onderlinge communicatie belemmeren. Vastlopende communicatie wordt hierna weergegeven.

De coach kijkt zowel naar de voorgrond (de praters) als naar de achtergrond (de zwijgers). In een groep met twee conflicterende partijen op de voorgrond, kijkt hij dus ook naar de rest van de groep. Mengen ze zich in het conflict, of houden ze zich erbuiten en wachten ze rustig af? De coach kan bijvoorbeeld constateren dat er in de groep onvoldoende betrokkenheid en bemiddelend, coöperatief gedrag aanwezig is. Terwijl de 'jouw probleem is ons probleem'-houding cruciaal is voor een effectieve samenwerking. Zolang een teamcoach dit probleem niet boven tafel krijgt, blijft het in stand.

Neem het volgende voorbeeld: een afdelingsmedewerker steekt tijdens een teambijeenkomst een tirade af over wat er allemaal niet goed loopt. De rest van het team zit er stilletjes bij. De coach kan nu op de volgende manier interveniëren:

1 *De boze medewerker aanspreken*: 'Wat voor indruk denk je dat je met je verhaal op de anderen maakt?
2 *De groep als geheel aanspreken*: 'Als jullie nu eens goed kijken hoe jullie erbij zitten, wat valt jullie dan op?'
3 *Een van de andere medewerkers aanspreken*: 'Peter, wat vindt jij ervan?' Als Peter dan vertelt dat hij dit voor de derde keer hoort, kan de coach zeggen dat het aan zijn houding te zien is en vragen waarom hij het niet uit.

Welke interventies kan de coach nog meer toepassen om de medewerkers bewust te maken van het interactieproces? Voorbeelden zijn:

- 'Wat valt op?'
- 'Zag je wat er gebeurde?'
- 'Krijg je antwoord op de vraag?'

- 'Wat gebeurt er nu?'
- 'Helpt dat jullie je doel te bereiken?'
- 'Wat is er aan de hand?'
- 'Zo gaat het goed, nietwaar? Waar ligt dat aan?
- 'Willen jullie dat?'
- 'Zijn jullie daar tevreden mee?'
- 'Zo nee, wat kunnen jullie doen om dat te veranderen?'

De teamcoach moet dus vooral goed kunnen observeren, patronen ontdekken en interventies plegen. De coach hoeft zich dus niet te vervelen, maar het coachingsproces verloopt wel een stuk trager dan bij individuele coaching. Dat moet juist: *een goede coach lijkt lui*. Zijn trage reactie geeft de groep de gelegenheid om op elkaar te reageren. De interactie krijgt de ruimte, zodat onderliggende patronen zichtbaar kunnen worden. Een coach die zich te snel manifesteert, loopt het risico dat de communicatie via hem gaat verlopen, waardoor de kans op het ontdekken van patronen verkeken is.

Sommige coaches moeten wennen aan dit trage tempo. Anderen moeten wennen aan hun onzichtbare rol: het gaat om de groep en niet om de coach. Daar moet je tegen kunnen. Bij individuele coaching is de coach veel prominenter aanwezig. Een goede individuele coach is dus niet automatisch een goede teamcoach!

Tot slot: aan het begin van de 21ste eeuw is het alleen maar moeilijker geworden om als coach het beste uit een team te halen. Teams zijn niet langer vaste samenwerkingsverbanden, maar wisselen voortdurend van samenstelling om vervolgens weer nieuwe teams te vormen. Daarmee is ook de tijd korter om teams te formeren en een goede collectieve prestatie neer te zetten. De vergelijking met een gelegenheidselftal dringt zich op. Met de komst van internet en e-mail hoeven teamleden niet meer bij elkaar te zitten. Door de fysieke afstand kan het lastig zijn om optimaal samen te werken. Dat maakt de taak van de teamcoach des te uitdagender.

Noten

1. Winsemius, P. (2004). *Je gaat het pas zien als je het doorhebt. Over Cruijff en leiderschap*. Amsterdam: Balans.
2. Naar, R. (2007). *Naar de Top. Expedities naar teambuilding, coaching en leiderschap*. Den Haag: Adventure Communication.
3. Caluwé, L. de & Hans Vermaak, H. (2006). *Leren veranderen. Een handboek voor de veranderkundige*. Deventer: Kluwer.
4. Lore, N. (2006). *Baanbreker. Vind de baan die bij je past*. Schiedam: Scriptum.
5. Kummerow, J., Kirby, L., & Barger, N. (2003). *Worktypes. Welk type bent u?* Zaltbommel: Thema.
6. Lingsma, M. (2005). *Aan de slag met teamcoaching*. Soest: Nelissen.
7. Whitmore, J. (2003). *Succesvol coachen*. Soest: Uitgeverij Nelissen.
8. Hersey, P.H., Blanchard, K.H. & Johnson, D.E. (2007). *Management of Organizational Behavior. Leading Human Behavior (9th Edition)*. Upper Saddle River, NJ: Prentice Hall.
9. Blanchard, K., Zigarmi, D. & Patricia Zigarmi, P. (2007). *Situationeel leiderschap II en de One Minute Manager. Help je medewerkers zichzelf te ontwikkelen met flexibel leiderschap*. Amsterdam: Business Contact.
10. Hersey, P. (1995). *Situationeel leidinggeven*. Amsterdam: Business Contact.

De testmatch

12

In dit laatste hoofdstuk gaan we de puntjes op de i zetten om uw functioneren als coach van de nodige glans te voorzien. Tot nu toe hebben we gekeken naar de dingen die u moet doen om u tot een effectieve coach te ontwikkelen. In dit hoofdstuk kijken we vooral naar de dingen die u niet moet doen, gevolgd door tests waarin u uw eigen functioneren als coach kunt bepalen. Ook leert u hoe en wanneer u de coachingsrelatie kunt verbreken. Een goede coach weet zich immers overbodig te maken.

In dit hoofdstuk komen aan de orde:

- Slechte gewoontes van coaches.
- Valkuilen voor de teamcoach.
- Goede en slechte coaches.
- Test uzelf: hoe functioneert u als coach?
- Op eigen benen.

Inleiding

Coachen is hard werken en vereist de wens om u te ontwikkelen en een bewustzijn van het eigen gedrag. Coachen is dus leren, bijvoorbeeld om u te houden aan de tien geboden van het coachen:

1. Gij zult authentiek, betrokken en zelfbewust functioneren.
2. Gij zult met geheel uw hart, hoofd en ziel communiceren.
3. Gij zult wezenlijke contacten opbouwen en onderhouden.
4. Gij zult vanuit visie, intenties en concepten werken.
5. Gij zult zich empathisch en onbaatzuchtig opstellen.
6. Gij zult flexibel en respectvol de verantwoordelijkheid van mensen bevorderen.
7. Gij zult innerlijk overtuigd inspireren en emotioneel vaardig handelen.
8. Gij zult integer de zelfstandigheid en het zelfvertrouwen ontwikkelen.
9. Gij zult probleemgericht feedback geven, stimuleren en ontvangen.
10. Gij zult te allen tijde reflecteren door effectieve vragen te stellen.

Slechte gewoontes van coaches

Maar coaching is net zo goed *af*leren. Bijvoorbeeld van de tien slechte gewoonten die coaches beter kunnen vermijden, aldus Marty Brounstein in zijn boek *Coach voor Dummies*:

1. Te veel praten, te weinig luisteren.
2. Afstandelijk zijn.
3. Je overal mee bemoeien.
4. Beloften niet waarmaken en geen follow-up verzorgen.
5. Je op methoden richten in plaats van op resultaten.
6. Iedereen op dezelfde manier managen.
7. Je werknemers niet leren kennen, of hun vrienden worden.
8. Je meer met taken bezighouden dan moet doelen.
9. Problemen niet tot een einde brengen.
10. Alles zelf willen doen.[1]

Verder is het goed om te weten waar de valkuilen voor de coach zich bevinden:

- Hang niet de psycholoog uit. Als amateur-Freud kunt u gemakkelijk miskleunen, beperk u tot gedrag dat u kunt waarnemen.
- Probeer niet extra aardig te zijn.
- Coach niet te intensief, dus draag niet te veel onderwerpen aan, en waak voor *te* veel en *te* lange sessies.
- Verlies uw eigen managementtaak niet uit het oog. Sommige zaken, zoals strategie, kunt u juist *niet* delegeren.

- Laat u niet meeslepen door uw emoties. Irritatie of boosheid vergeren de zaak alleen maar.
- Bied weerstand aan de verleiding om uw medewerker voortdurend te controleren. Een cake zakt ook in als u te vroeg de deur van de oven opent.
- Verstik de medewerker niet met uw eigen deskundigheid: laat hem zelf ontdekken hoe hij de dingen beter kan doen.

Valkuilen voor de teamcoach

Zoals we hiervoor zagen, vraagt het coachen van teams om andere vaardigheden van de coach dan individuele coaching. De teamcoach heeft dan ook zijn eigen valkuilen. De allergrootste valkuil voor een teamcoach is dat hij op de stoel van de manager gaat zitten, volgens Marijke Lingsma in *Aan de slag met teamcoaching*.[2] Daarnaast kwam ze tijdens haar jarenlange praktijkervaring de volgende tien uitglijders tegen.

- *Ingaan op een onuitgesproken appel, verzoek of eis van de groep* De groep stelt zich op als slachtoffer: 'Help ons!' De coach snelt toe als de reddende engel. Daarmee bevestigt hij de groep in de slachtofferrol. De groep leert daardoor niets en verandert niet. De coach wordt uiteindelijk moe en ongeduldig en transformeert van een redder in een aanklager: 'Toon eens wat meer initiatief!' Daarmee bevestigt hij de slachtofferrol nog meer. Uiteindelijk kunnen de rollen zelfs omdraaien: de coach wordt slachtoffer en de groep redder/aanklager.
- *Het vermijden van fouten of afzwakken van negatieve stemmingen bij de groepsleden* De coach hangt aan zijn status van goede coach. Fouten of negatieve stemmingen doen afbreuk aan die status, maar elke groep heeft recht op zijn eigen fouten of stemmingen. Pak ze niet af, maar begeleid de groep in het omgaan daarmee.
- *Voortijdig bemiddelen bij een conflict* Sommige coaches kunnen zelf geen ruzie maken en zijn daardoor conflictmijdend. Hij vertoont het gedrag van een politieagent die het verkeer regelt: 'Ho stop, hij is aan het woord. Zo, nu mag jij.'
- *Ingezogen worden* De coach kan geen afstand houden. Hij gaat zich te veel met de inhoud of aanpak bemoeien of kiest partij.
- *De groepsleden individueel benaderen en niet de groep als systeem* De coach stelt zich in de communicatie op als een postbode en brengt de boodschappen van de een naar de ander over. Daardoor kunnen de groepsleden niet direct en spontaan reageren. Ze moeten als het ware toestemming vragen aan de coach.
- *Ingaan op de diverse vragen en deze allemaal beantwoorden* De coach doet vreselijk zijn best om op alle vragen te reageren. Daardoor blijft de groep passief en leren de teamleden niet zich op interactieniveau te ontwikkelen.
- *Dienstbaarheid* Ingrijpen, reageren en oplossingen aanbieden als het niet nodig is, lijkt attent, maar de coach ontneemt hiermee zijn groep de mogelijkheid om zelf verantwoordelijkheid te nemen. Dus hou niet de vergadertijden in het oog, ga niet extra checken of de afspraken worden nagekomen, ga geen

'flappen' uitwerken of bewaren. Houd de regie van het proces niet onnodig in handen.
- *In een patstelling raken*   In het begin probeert de groep de coach uit de tent te lokken door kritiek te uiten. Als de coach hapt, raakt hij in een patstelling. Zorg voor vrijheid van handelen in de machtsdynamiek.
- *Teamcoaching alleen gebruiken voor operationele zaken*   Soms worden teamcoachingssessies gebruikt als ingelast werkoverleg. Het is druk en de operationele gang van zaken lijkt urgenter dan het groepsproces. Maar werkoverleg en teamcoaching zijn twee heel verschillende zaken. Bij werkoverleg ligt het accent op resultaat, bij teamcoaching gaat het om de onderlinge interactie, de individuele bijdragen daaraan en de achterliggende overtuigingen. Houd steeds voor ogen: 'Wat leert de groep en zien de teamleden me nog wel als coach, of meer als meewerkend voorman?'
- *Het valkuilsyndroom*   Dat is het met alle geweld proberen te voorkomen van alle valkuilen die je kunt bedenken. De coach is zo druk bezig alles goed te doen dat hij zich niet meer concentreert op wat er gaande is in de hier-en-nu-situatie. Hij wordt saai en krijgt de groep daardoor niet meer emotioneel in beweging. Bovendien zijn de valkuilen van het team juist nodig om de groep te laten zien wat het onderliggende patroon is. Wees ook niet bang om de groep te laten zien dat je als coach zelf in deze vakuil bent gestapt. Durf te zeggen: 'Foutje, sorry mensen, ik ga er te veel op in.'

En nu we toch aan het navelstaren zijn: na teambijeenkomsten doet de coach er goed aan een moment van zelfreflectie in te bouwen. Naast de evaluatie van het verloop van de coachingssessie ('Hoe ging het?') kijkt de coach ook naar zijn eigen functioneren:

- Ben ik tevreden met de opbrengst van deze bijeenkomst? Heb ik mijn doel bereikt?
- Had ik dit verwacht en kunnen voorspellen?
- Vond ik het goed? Inspireerde het mij? Waarom wel of niet?
- Als ik kijk naar mijn aandeel: was ik te sturend, te inhoudelijk, et cetera?
- Klopt deze evaluatie met de interventies die ik tijdens de bijeenkomst heb gemaakt?
- Heb ik gezegd wat ik vond of wilde zeggen?
- Wat heb ik over mezelf geleerd?
- Wat betekent het nu voor de volgende keer?

Goede en slechte coaches

Met het herkennen en benoemen van deze veel voorkomende valkuilen, komen we vanzelf op het verschil tussen een goede en slechte coach. Marshall Cook noemt in zijn boek *Effectief coachen* twaalf eigenschappen waarover een goede coach dient te beschikken.[3] Een goede coach is:

- Positief.
- Enthousiast.
- Behulpzaam.
- Goed van vertrouwen.
- Gefocust.
- Doelgericht.
- Goed op de hoogte.
- Opmerkzaam.
- Respectvol.
- Geduldig.
- Duidelijk.
- Assertief.

Het verschil tussen de goede en de slechte coach wordt duidelijk uit het volgende voorbeeld.

> Koen weet hij op de tiende van maand zijn rapportage van de resultaten moet inleveren. Hij heeft het rapport echter nooit op tijd af, maar altijd pas op de veertiende of de vijftiende van de maand. Zijn coach heeft al een aantal keer met Koen over dit probleem gesproken. Toch is hij nog steeds te laat met de cijfers. Zijn coach zegt: 'Die rapporten moeten voortaan uiterlijk de tiende binnen zijn.'

Dat is dus een slechte coach. Een goede coach zou gezegd hebben: 'Wat denk je dat je zou moeten doen om die rapporten wel op de tiende te kunnen inleveren?'

Test uzelf: hoe functioneert u als coach?

In de voorgaande hoofdstukken zijn veel verschillende coachingsmethodes behandeld. Het is niet altijd even makkelijk om uzelf met een boek in de hand te beoordelen: 'Zou ik dat kunnen?' Daarom hebben wij hier een groot aantal online testen voor u op een rijtje gezet, waarmee u kunt beoordelen of u beschikt over de vaardigheden en eigenschappen die in dit boek zijn behandeld.

Algemene coachingsvaardigheden
- www.counselling.nl/coaching/G4O.htm
- www.counselling.nl/coaching/M1O.htm
- www.counselling.nl/coaching/M2O.htm
- www.counselling.nl/coaching/M3O.htm
- www.vacature.com/scripts/indexpage.asp?mess_id=2A0egE3u62222r

Leerstijlen van Kolb
- 123test.nl/leerstijl/
- www.vergouwenoverduin.nl/Testen_Kolbtest.html

Motiveren van medewerkers
- www.vacature.com/scripts/indexpage.asp?headingID=940

Voorkeursgedragstijlen
- www.vergouwenoverduin.nl/Testen_Test_gedragsstijlen.html
- www.thesis.nl/kolb/kolb_vragen.php4

Vaardigheden voor teamcoaching
- 123test.nl/belbin/
- www.vacature.com/messagent/index.asp?ID=F7D%7EtVhuFFuFmmFFj

Myers-Briggs Type Indicator
- www.loomancoaching.nl/looman/test/typetest.html

Situationeel leiderschap
- academy.capgemini.nl/onlinetest/slg/
- www.btsg.nl/quiz/stijl-leidinggeven2e-zelftoets.htm

Op eigen benen

Een goede coach weet ook wanneer het tijd wordt om zich terug te trekken als coach. Hij herkent de signalen die de gecoachte medewerker afgeeft wanneer hij denkt op eigen benen te kunnen staan. Het verbreken van de coachingsrelatie gaat in de regel niet zonder slag of stoot.

We besluiten deze testmatch met een voorbeeld uit de praktijk, de praktijk van het voetbalveld. In *Je gaat het pas zien als je het doorhebt*, zegt voetballer Richard Witschge:

'Als Cruijff op de bank zit, voelt een voetballer zich sterker. Dat heeft alles met de uitstraling van Cruijff te maken. Alsof zijn kracht doorstraalt naar de prestaties op het veld. Het klinkt als een soort magie, maar als voetballer ben je je daarvan heel duidelijk bewust.'[4]

Deze uitspraak maakt duidelijk dat het wezen van coaching zich nooit helemaal laat doorgronden. U weet nu alles over de technieken en de vaardigheden van coaching. Maar er is één cruciale eigenschap van succesvolle coaches die we u niet kunnen bijbrengen en dat is charisma.

Noten

1 Brounstein, M. (2006). *Coachen voor Dummies*. Amsterdam: Pearson Education.
2 Lingsma, M. (2005). *Aan de slag met teamcoaching*. Soest: Nelissen.
3 Cook, M. (2004). *Effectief coachen*. Den Haag: Academic Service.
4 Winsemius, P. (2004). *Je gaat het pas zien als je het doorhebt. Over Cruijff en leiderschap*. Amsterdam: Balans.

Index

ACHIEVE-model 46
Actief luisteren 69
Action learning 76
ARROW-model 46
Automatische gedachten 82
Begeleidingsvorm 29
Beoordeling 49
Bewust bekwaam 22
Bewust onbekwaam 22
Business coaching 40
Coach 10
    functioneren testen 123
    goede en slechte 123
    instrumenten 66
    rol van de ~ 11
    slechte gewoontes 120
    tien geboden 120
    valkuilen 120
Coachend leiderschap 12
Coaching
    confronterend 96
    definitie 20
    drempels 16
    drijfveren 13
    fabels 15
    inhoudelijk 28
    integreren in beoordelingsproces 49
    provocatief 96
    relatie verbreken 124
    soorten 28
    voordelen 13
    winstpunten 13
Coachingsangst 14
Coachingsmethodiek 31
Coachingsstijl 62, 64
    aansporend 63
    begeleidend 63
    delegerend 63
    leidinggevend 63

Collega-coachen 29
Competentie 52
Confronterende coach 96
Counseling 31
Cyclisch competentiemanagement 51
Deframing 33
Doel formuleren 58
Doorvraag 68
E-coaching 90
    competenties van de coach 91
    helder schrijven 92
    structuur 91
    tips 93
    toepassingen 92
    voordelen 90
Een-op-eencoaching 28
ER-doel 58
Ervaringsleren 22
Executive coaching 39
Farrelly-factoren 96
    algemene provocatieve reacties 97
    conditionele reacties 97
    doorgaande gedragingen 97
    innerlijke processen van de coach 98
    provocatieve reacties op de relatie 98
    provocatieve reacties op het zelfbeeld 97
    provocatieve reacties op problemen 97
    strategische provocatieve patronen 98
Feedback 50, 72
    constructief 73
    negatief 73
    positief 73
    vijf niveaus 73
Feitelijke vraag 68

Functionerings- en beoordelingsproces 50
Functioneringsplan 50, 61
Functioneringsrapport 51
GEIN 74
Gesloten vraag 67
Gespreksmodel 46
    ACHIEVE 46
    ARROW 46
    basisstructuur 47
    GROW 47
    POSITIVE 46
Gevoelens benoemen 70
GROW-model 47
    conclusie 49
    doel formuleren 48
    huidige situatie 48
    opties 48
    stappen 47
HEG 74
Herformuleren 70
Hr-cyclus 51
Hulpvraag
    inhoud 28
    inhoud en persoonlijkheid 29
    persoonlijkheid 29
    typen 28
Humanresourcesmanagement 8
Ik-boodschap 74
    positief 74
    verklarend 74
Individuele coaching 28
Integrale coachende benadering 8
Interventies 75
Irrationele gedachten 81
Kerngedachte 82
    eisen stellen 82
    lage frustratietolerantie 83
    rampdenken 83
    veroordelen 84
    waardering zoeken 84
Keuzevraag 68
KID-beroep 8
Kleurdruk 105
Kolb
    leercyclus 22
    leerstijlen 24

Kritiek 75
K-W-techniek 32
Leerbehoefte 21
Leercyclus 21
Leercyclus van Kolb 22
Leerstijl 24
    accommoderend 24
    assimilerend 24
    convergerend 24
    divergerend 24
Leerstijlen van Kolb 24
Leiderschap 8
Leiderschapmodel van Larsen 11
Leiderschapsrol 11
Leiderschapsstijl 9
Leren leren 20
MAGIE-doel 58
Manager 10
MBTI 107
Medewerkers typeren 109
Mensvisie 9
    X 9
    Y 9
    Z 10
Mentoring 29
Myers-Briggs Type Indicator 107
Onbewust bekwaam 22
Onbewust onbekwaam 21
Ontwikkeldoelstelling 52
Ontwikkelingsgebied
    exploreren 32
    thematiseren 35
Ontwikkelingsthema 35
Open vraag 68
Oppervlakte-interventies 28
Peilen 70
Personal coaching 30
Personaliseren 31
Personeelsmanagement 11
Persoonlijke ontwikkelcyclus 53
Planningsgesprek 51
POSITIVE-model 46
Prestatiedoelstelling 52
Provocatieve coaching 96
    versus traditionele coaching 99
    werkwijze 100

Provocatieve therapie 96
Reflecterende vraag 68
Retorische vraag 68
Situationeel coachen 111
Slechtnieuwsgesprek 75
SMART
    acceptabel 60
    actiegericht 60
    functioneringsplan 61
    meetbaar 60
    realistisch 60
    specifiek 59
    tijdgebonden 60
SMART-doel 59
    toepassen 59
Socratische vraag 81
Socrates 80
Socratisch coachen 81
Socratisch uitdagen 82
Suggestieve vraag 68
Supervisie 30
Taakmanagement 11
Taakvolwassenheid 111
Team
    bedreigingen 108
    coachen 104
    gefaseerde ontwikkeling 110
    interactieprocessen 115
    kleurdrukken 105

kleurenmodel 105
medewerkers typeren 109
Myers-Briggs Type Indicator 107
persoonlijkheidstypen 108
samenstellen 104
samenwerking 110
sfeer 113
Teamcoach
    vaardigheden 116
    valkuilen 121
Teamcoaching 28, 104
    succesfactoren 114
Tutoring 70
    met vragen 70
Veranderingsmanagement 8
Vijf-minutencoach 53
Vragen stellen 66
    constructief 67
    goede vragen 67
    neutraal 67
    soorten vragen 67
Weerstand overwinnen 76
    instrumenten 77
Wondervraag 87
X-organisatie 10
Y-organisatie 10
Zelfreflectie 122
Zelfsturing 10

Lees ook

DE MANAGEMENT
TOOLBOX

Managementvaardigheden praktisch besproken

Besluitvorming   Conflictmanagement
   Presenteren   Teamwork
            Coaching   Leidinggeven
Motiveren
         Timemanagement
   Onderhandelen   Vergaderen

Ronald Buitenhuis
Marike van Zanten

VAN DUUREN MEDIA

256 pagina's - ISBN 978-90-5940-281-2 - € 29,90

Lees ook

MANAGEMENT TOOLBOOKS

Professioneel presenteren

Managementvaardigheden praktisch besproken

Besluitvorming — Conflictmanagement — Teamwork

Presenteren

Coaching — Leidinggeven

Motiveren — Timemanagement

Onderhandelen — Vergaderen

Ulco Schuurmans

VAN DUUREN MEDIA

240 pagina's - ISBN 978-90-5940-273-7 - € 29,90 - met cd-rom